大展好書　好書大展
品嘗好書　冠群可期

大展好書　好書大展

品嘗好書　冠群可期

武術特輯
138

楊式太極拳技擊

楊愼華　著

大展出版社有限公司

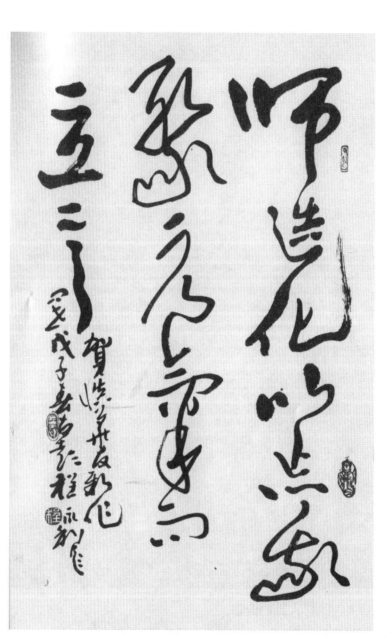

中國書法美術家協會副主席程永利先生題字

作者與太極大師傅鍾文，任世嵐先生合影

作者與太極大師們合影。
前排左起：楊振鐸、傅鍾文、楊振基、楊振國；
後排左起：楊愼華、任世嵐、羅鶴雲、弟楊愼平

傅鍾文先生指導作者推手

楊式太極拳大師石明月與作者合影

作者與著名書法家程永利先生在程永利題寫的《放鶴亭記》
巨碑前合影

作者演示太極刀

前　言

　　楊式太極拳是太極拳中的一支奇葩。此拳爲河北永年楊露禪先生所創，後經其祖孫三代的豐富完善，形成了舒展大方、身法中正、輕靈沉著、平正樸實的風格，在修身養性、防病治病、延年益壽和技擊上具有重要的作用，深受廣大武術愛好者的喜愛，成爲中華武術流傳最廣的流派之一。

　　推手和技擊是太極拳體系中的重要組成部分，以粘連黏隨、不丟不頂、捨己從人、順勢而發爲原則，以巧取勝，不以力勝，蘊涵著古老的東方哲理。

　　爲了繼承和發揚中國文化瑰寶，幫助楊式太極拳愛好者練好推手和散手，提高練習興趣，特出此書。爲了大家更好地閱讀此書，特作如下說明：

　　一、本書圖解中，著黑褲者爲「我」（甲），著白褲者爲對方（乙）。

　　二、本書推手練習，完全按照師傳，從易到難而編，讀者應循序練習；技擊用法以楊澄甫先生《太極拳體用全書》爲依據，所以讀者必須先練好拳架，再研習推手及各式用法。

三、本書只是將楊式太極拳三十八式進行演示，相同者略去。

四、楊式太極拳各式用法，變化無窮，很難用文字和圖解描述得面面俱到，本書只是將最基本的用法演示出來，讀者應默識揣摩，舉一反三，靈活運用，不拘成法。久久練習，必能達到「從心所欲」的境界。

五、練習各式用法時，應先從簡明易懂的式子開始，一方出手進攻，一方依照用法，輕緩地進行化、發。先慢後快，不可好勇鬥狠，以免發生危險。雙方應密切配合，日久自能運用自如。

六、練習推手及技擊時應循序漸進，先定步後活步；左式練熟後，再練右式，以求左右均能應用，而無偏重之弊。

本書非文學作品，雖想儘量描述清楚，但其中難免有遺漏錯誤之處，望讀者諒之。

楊式太極拳技擊

目 錄

作者簡介

　　楊慎華　江蘇省徐州市人，生於1961年
2月。自幼拜楊式太極拳名家任世嵐先生爲師，學
習楊式太極拳、刀、劍、槍、推手和散手。多次
在國際及國内比賽中獲金獎。所撰寫的《楊式太
極拳之習練》論文收錄在《太極名家談眞諦》一
書中；2007年9月在人民體育出版社出版《楊式太
極劍槍》。

　　習練楊式太極拳達到了身體基本能放鬆後，就可以練習太極拳推手了。太極推手是太極拳運動中的一種雙人徒手對練形式，是從拳架過渡到散手的中間環節，是太極拳術練習技擊用著的方法，也是懂勁的必由之路。由兩人雙手互搭，推蕩往來，週而復始，連綿不斷，用以訓練周身觸覺和感知靈敏等身體機能。

　　楊式太極拳推手分定步推手、活步推手等，結合本式拳架形成一整套嚴格訓練方法。練習太極拳推手，要由易到難，由淺入深，由簡到繁，循序漸進，不可急於求成。總之，只有經由推手的反覆練習運用，才能提高太極拳技藝，進入太極之門徑。

　　太極推手是在兩人相接觸的情況下以巧取勝，即付出很小的力而達到最佳技擊效果為目的一種競技運動。在練習推手時，必須嚴格遵守以下原則：

　　捨己從人，隨屈就伸，粘連黏隨，不丟不頂，克服頂、扁、丟、抗四病。如此，才能做到敵不動，我不動，

敵微動，我先動；動急則急應，動緩則緩隨；力從人借，引進落空，牽動四兩撥千斤。

在練習太極拳推手中，運用「掤、捋、擠、按、採、挒、肘、靠」四正四隅八種手法，此為八卦。

1. 掤 勢

掤在兩臂。手臂保持半圓狀，也就是肘關節保持一定的彎曲度，向上、向前的圓撐勁，富有彈性和韌性，是太極拳十三勢之首。既含有禦敵之功，又有誘敵之意。如無掤勁，一搭手後即為人所壓癟，無以相抗。掤要做到虛領頂勁，氣沉丹田，尾閭中正，鬆柔靈活，配合腰腿。（圖1-1）

訣云：掤勁作何解？如水負行舟。先實丹田氣，次緊頂頭懸。全體彈簧力，開合一定間。任有千斤力，漂浮亦不難。

圖1-1

2. 挒 勢

挒在掌中。順著對方的力的前進方向，將對方的來力向外、向後、向下轉移，引向我身軀外側使之落空，使對方的身體向前傾斜。挒在推手和技擊中非常重要，不能挒，即不能使對方前俯，更不能移動對方的重心，重心不動，取勝難矣。挒時要輕要順，在順中改變對方力的方向。挒時要做到鬆腰，坐胯，轉身，粘連黏隨，立身中正，保持自己的重心不偏。（圖1-2）

訣云：挒勁作何解？引導使之前。順其來勢力，輕便不丟頂。力盡自然空，丟擊任自然。重心自維持，莫被他人乘。

圖1-2

3. 擠　勢

擠在手臂。後手心貼在前手前臂內側，兩手一起向前方合力發出。不可過高或過低，動作要圓滿，勿生棱角。擠時要求沉肩、垂肘、氣沉丹田，重心前移，立身中正，上下相隨，出其不意，突然發勁。擠時勿使上身前傾，以免失去重心，為人所乘。（圖1-3）

訣云：擠勁作何解？有時用兩方。直接單純意，迎合一動中。間接反應力，如球撞壁還。又如錢投鼓，躍然聲鏗鏘。

圖1-3

4. 按　勢

按在腰攻。兩手掌向下、向前推出而發出的力量，迫使對方後仰，失去平衡站立不穩。以腰為主，兩手隻起支

撐作用。按時要做到由腿而腰而手，一氣貫串。立身中正，上下相隨，專注一方，無過不及，不可前俯後仰，否則上身前俯，易被對方抒出。（圖1-4）

訣云：按勁作何解？運用似水行。柔中寓剛強，急流勢難當。遇高則澎滿，逢窪向下潛。波浪有起伏，有孔無不入。

圖1-4

5. 採 勢

採在十指。是用手將對方手臂抓實，順其勁力由上向下牽引的力稱為採。採與抒略同，在對方重心已向前俯時，如乘勢而採更能使對方前俯。採勢乾脆敏捷，迅猛多變。採時要先輕後實，但不能死板，做到立身中正，沉腰坐腿，含胸拔背，鬆肩沉肘，氣沉丹田。（圖1-5）

圖1-5

訣云：採勁作何解？如權之引衡。任你力巨細，權後知輕重。轉移只四兩，千斤亦可秤。若問理何在，槓桿之作用。

6. 挒 勢

挒在兩肱。將對方向我進攻的力由向外旋轉，轉移對方力的方向後，還擊對方為挒勢，多用於捋或採之後。挒要驚，在對方向後抽手時，順其勢而發。在運用時立身中正，以腰為軸，力由脊發，身手協調一致，突然爆發。（圖1-6）

訣云：挒勁作何解？旋轉若飛輪。投物於其上，脫然擲尋丈。君不見漩渦，捲浪若螺紋。落棄墜其上，倏爾便沉淪。

圖1-6

7. 肘　勢

　　肘在屈使。就是屈
回前臂、用肘尖發力頂
撞或橫擊對方。為近距
離的擊人方法。發之得
勢，較手為猛，神速不
易躲避。用肘極易傷
人，應慎用。運用時要
做到，步、腰、胯、肘
密切配合，保持自身重
心的穩定。（圖1-7）

圖1-7

　　訣云：肘勁作何解？方法有五行。陰陽分上下，虛實
須辨明。連環勢莫當，開花捶更凶。六勁融通後，運用始

無窮。

8. 靠 勢

靠在肩胸。就是用肩、胯一側擊人的方法，也是近距離擊人的方法。用時必須得機得勢，與對方身體接近時使用，否則極易落空而使自己失去平衡，為人所乘。運用時要做到，步、腰、胯、肘密切配合，方能奏效。注意保持自身重心的穩定。（圖1-8）

訣云：靠勁作何解？其法分肩背。斜飛勢用肩，肩中還有背。一旦得機乘，轟然如倒塌。仔細維重心，失中便無功。

圖1-8

訣云：掤要撐，捋要輕，擠要橫，按要攻；
　　　採要實，挒要驚，肘要衝，靠要崩。
平時自己練習太極拳是個體運動，在自己練習太極拳

時難免出現違反動作要領、手腳不到位、姿勢不正確及動作不圓活的問題，自己往往不能覺察。在推手時就會造成自己使不上勁、重心不穩，發生丟頂，處處被動受制。透過推手的練習，可以檢驗自己的拳架是否正確，從而使拳架中出現的錯誤得到及時改正。

太極拳是體，是知己功夫；推手為用，是知人功夫。體和用應緊密結合，缺一不可。透過推手的練習，可以感知對方力的大小、方向、快慢、進退，以及對方重心的虛實變化，提高自己知彼知己的能力；增強耐久、柔韌、靈敏等身體素質，以及提高應變和自衛能力。經常認真地進行推手練習，能深刻體會太極拳法的各種要求，靈活運用拳架中的著法，自如地呼吸行氣，巧妙地發揮勁力，從而能達到技擊運動的高超水準。

練習楊式太極拳推手至動作和順、上下相隨後，就可練習太極散手。利用楊式太極拳架中的著式進行技擊對敵，就是散手。只有懂粘連黏隨，懂得聽勁、化勁、發勁，利用拳架中著法進行散手，才能稱得上是太極散手。

王宗岳的《太極拳論》指出「由著熟而漸悟懂勁」。著，是著法，即技擊用法，就是散手，也就是每個拳架的技擊作用。練習太極拳散手必須認真揣摩熟知每個著法的應用方法，這就要在實踐中反覆練習，以掌握各種著法的實用性。由大量的單操和對練的反覆練習，自然能由熟而生巧，著熟以後能不講著法而處處自然合乎著法，從而漸漸悟出懂勁的道理。

太極拳散手一化一發而已。

太極拳散手與其他拳派散手的區別在於接手的不同。

其他拳派接手主要採用架格等法，這種架格接手用直勁、死勁，容易與對方的來力抗、頂。太極拳的接手方法則是根據太極拳原理，順著對方的勁路接手後，運用粘連黏隨將對方的來力化掉，不會與對方進攻的力產生頂、抗之病。太極拳散手是先化後發，化發合一。

要做到先化後發，就要在對方向我擊來時，與對方接手一瞬間，必須會聽勁。要聽勁首先要粘住對方，若不先粘住就不能聽人之勁。粘是太極拳最基礎的功夫，是在長期的推手練習中得來的。與對方接手後，粘住對方，就可聽人之勁。聽人之勁，就是感知對方力的大、小、方向、快、慢。無粘手其他皆不可能，太極拳散手皆由粘化中得來。

感知到對方來力的大、小、方向、快、慢後，就順著對方向我進攻的勁路將其化開，使其來勁落空，不能落在我身上的任何部位。粘聽而後化，使對方的力變更方向。化時要不丟不頂，順勢而化，不可過早或過晚。「引進落空」就是化。化之得勢，造成我順人背，則可言發。

發就是將對方向我進攻的力順勢化開後，就可以將自己的內勁向四肢發放，作用於對方身體上，將對方發放出去。在發放時必須把握三點：機勢、方向、時間。機勢即我順人背，對方的身體重心已失；方向即對方背勢的方向；時間即恰當之時，不可過早或過晚，早則對方之勢未完，易生頂抗；晚則對方容易發覺而生變化。故此三點缺一不可。「引進落空合即出」裡面的「合即出」就是指發勁。

總之，接手粘聽時要輕靈；化要順勢；發要因敵變化，隨屈就伸，借力發人，隨化隨發，化發連成一個圓圈，功愈深則圈愈小。

第二章
楊式太極拳
推手圖解

一、平圓單推手

1. 甲乙雙方相對站立，兩腳與肩同寬，身體自然放鬆，兩人之間相距適當的距離；目視對方。（圖2-1）

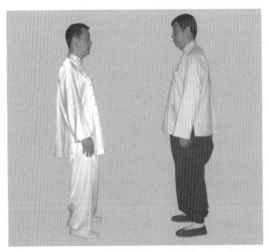

圖2-1

2. 甲乙雙方身體重心均移至左腿，接著上右步，身體重心隨之移至兩腿之間；以右手外側腕部搭手，手心向裡，左手自然下垂放在自己的左胯旁，手心向下，手指向前。（圖2-2）

3. 甲右手內旋，翻轉手心向前，按在乙的右前臂近腕處；右腿前弓，身體重心慢慢向前移至右腿，左腿伸直成右弓步；同時，右手向乙的胸部平按去。乙在甲向自己按來時，身體重心慢慢向後移至左腿，右腿成虛步；同時，右手臂邊掤邊向自己的身體右側平化去，身體向右微轉；甲順勢跟隨。（圖2-3、圖2-4）

4. 乙右手內旋，翻轉手心向前，按在甲的右前臂近腕處；身體重心慢慢向前移至右腿，左腿伸直成右弓步；同時，右手向甲的胸部按去。甲在乙向自己按來時，右手外旋，翻轉手心向裡；身體重心慢慢向後移至左腿，右腿成

圖2-2

虛步；同時，右手邊掤邊向自己的身體右側化去，身體微向右轉。乙順勢跟隨。（圖2-5、圖2-6）

圖2-3

圖2-4

圖2-5

圖2-6

如此反覆循環不斷，反覆練習。平圓單推手亦可左腳在前，換成左搭手練習。動作同上，唯轉身方向相反。

二、立圓單推手

1. 甲乙雙方相對站立，兩腳與肩同寬，身體自然放鬆，兩人之間相距適當的距離；目視對方。（圖2-7）

2. 甲乙雙方身體重心移至左腿，接著上右步，身體重心隨之移至兩腿之間；以右手外側腕部搭手，手心向裡，左手自然下垂放在自己的左胯旁，手心向下，手指向前。（圖2-8）

3. 甲右手內旋，翻轉手心向前，按在乙的前臂上；右腿前弓，身體重心慢慢向前移至右腿，左腿伸直成右弓步；同時，右手向乙的面部按去。乙在甲向自己按來時，身體重

圖2-7　　　　　圖2-8

心慢慢向後移至左腿，右腿成虛步；右手邊掤邊向自己的身體右上後側化去；同時身體向右微轉。（圖2-9）

4.乙右手內旋，翻轉手心向前，按在甲的右前臂近腕處；身體重心慢慢向前移至右腿，左腿伸直成右弓步；同時，右手由上向下、向前、向甲的腹部按去。甲在乙向自己按來時，身體重心慢慢向後移至左腿，右腿成虛步；右手邊掤邊向自己的身體右側化去；同時身體微向右轉。（圖2-10、圖2-11）

圖2-9

圖2-10

圖2-11

5. 甲右手內旋，翻轉手心向前，由下向上弧形提起至自己的右肩部。乙順勢跟隨。（圖2-12）

如此反覆循環不斷，反覆練習。立圓單推手亦可左腳在前，換成左搭手練習。動作同上，唯轉身方向相反。

圖2-12

三、折疊單推手

1. 甲乙雙方相對站立，兩腳與肩同寬，身體自然放鬆，兩人之間相距適當的距離；目視對方。（圖2-13）

2. 甲乙雙方身體重心移至左腿，接著上右步，身體重心隨之移至兩腿之間；以右手外側腕部搭手，手心向裡，左手自然下垂放在自己的左胯旁，手心向下，手指向前。（圖2-14）

3. 甲右手內旋，翻轉手心向前，貼在乙的右前臂近腕處；右腿前弓，身體重心慢慢向前移至右腿，左腿伸直成右弓步；同時，右手向乙的面部按去。乙在甲向自己按來時，身體重心慢慢向後移至左腿，右腿成虛步；右手邊掤邊向自己的身體右上後側化去。（圖2-15）

4. 乙右手外旋，翻轉手心向上，手腕外部貼在甲的右手腕部，向下弧形將甲右手壓至右胯旁；同時身體微向右轉。甲順勢跟隨。（圖2-16）

圖2-13

圖2-14

圖2-15

圖2-16

5. 乙右手內旋,翻轉手心向前,貼在甲的右前臂近腕處,右腿前弓,身體重心慢慢向前移至右腿,左腿伸直成

圖2-17

圖2-18

右弓步；同時，右手向甲的面部按去。甲在乙向自己按來時，身體重心慢慢向後移至左腿，右腿成虛步；右手邊掤邊向自己的身體右上後側化去。（圖2-17）

6. 乙右手外旋，翻轉手心向上，手腕外部貼在甲的右手腕部，向下弧形將甲右手壓至右胯旁；同時身體微向右轉。甲順勢跟隨。（圖2-18）

如此反覆循環不斷，反覆練習。折疊單推手亦可左腳在前換成左搭手練習，動作如上，唯轉身方向相反。

單推手是楊式太極拳的基礎推手方法，主要練習單手的掤、按、化等方法。練習時要用整體的鬆柔勁，不可僵硬。進攻為按，防守為掤、化，機關在腰，不在手。按必須按到位，由腳而腿而腰而手，一氣貫穿，將全身的勁朝一個方向發出，不可使用局部的力。掤必須掤得住，以掤手承按勁後，是用掤順著對方的按向後引化，要做到不丟

圖2-19　　　　　　　　圖2-20

不頂，粘連黏隨，以腰腿引化，即以退為進。

　　單推手雖然簡單，但須按照太極拳的各項要求練習，並且雙方要做到密切配合，按規定的動作練習。

四、平圓雙推手

　　1. 甲乙雙方相對站立，兩腳與肩同寬，身體自然放鬆，兩人之間相距適當的距離；目視對方。（圖2-19）

　　2. 甲乙雙方身體重心移至左腿，接著上右步，身體重心隨之移至兩腿之間；以右手外側腕部搭手，手心向裡，手臂微屈；左手向前、向上舉起，手心貼在對方肘部，成右手腕交叉的雙搭手；目視對方。（圖2-20）

　　3. 甲右手內旋，翻轉手心向下，貼在乙右手腕部，與左手一齊將乙的右手臂向前、向下按去；同時身體重心向

圖2-21

圖2-22

前移動。乙以右前臂掤住甲兩手按勁，身體重心向後移動；同時，兩手將甲右手臂向自己的身體右側引化，身體微向右轉動。（圖2-21、圖2-22）

4. 乙右手內旋，翻轉手心向下，貼在甲右手腕部，與左手一齊將甲的右手臂向前、向下按去；同時身體重心向前移動。甲以右前臂掤住乙兩手按勁，身體重心向後移動；同時，兩手將乙右手臂向自己的身體右側引化，身體微向右轉動。（圖2-23、圖2-24）。

如此反覆循環不斷，反覆練習。平圓雙推手亦可左腳在前，換成左雙搭手練習，動作同上，唯轉身方向相反。

五、立圓雙推手

1. 甲乙雙方相對站立，兩腳與肩同寬，身體自然放

圖 2-23

圖 2-24

圖 2-25

鬆，兩人之間相距適當的距離；目視對方。（圖 2-25）

　2. 甲乙雙方身體重心移至左腿，接著上右步，身體重

圖2-26　　　　　　　　圖2-27

心隨之移至兩腿之間；以右手外側腕部搭手，手心向裡，手臂微屈；左手向前、向上舉起，手心貼在對方肘部，成右手腕交叉的雙搭手；目視對方。（圖2-26）

3. 甲右手內旋，翻轉手心向前，按在乙的右手腕部，左手心貼在乙右肘部；身體重心慢慢向前移至右腿，同時右手向乙的面部按去。乙在甲向自己按來時，身體重心慢慢向後移至左腿，右腿成虛步；右手邊掤住甲之來勁，左手心貼在甲右肘部，邊向自己的身體右上後側化去；同時身體向右微轉。（圖2-27）

4. 乙右手內旋，翻轉手心向前，按在甲的右手腕部，左手貼在甲的右肘部；身體重心慢慢向前移至右腿，同時兩手由上向下、向前、向甲的腹部按去。甲在乙向自己的腹部按來時，身體重心慢慢向後移至左腿，右腿成虛步；左手貼在乙的右手肘部，右手邊掤住乙的來勁邊向自己的

圖2-28

圖2-29

身體右後側化去；同時身體微向右轉。（圖2-28、圖2-29）

5. 甲右手內旋，翻轉手心貼在乙的右手腕部，左手心貼在乙的右手肘部，兩手同時向上弧形提至自己的頭部右側。乙右手外旋，翻轉手心向裡，左手心貼在甲的右肘部隨之上提。（圖2-30）

圖2-30

如此反覆循環不斷，反覆練習。立圓雙推手亦可左腳在前，換成左雙搭手練習，動作同上，唯轉身方向相反。

六、折疊雙推手

1. 甲乙雙方相對站立，兩腳與肩同寬，身體自然放鬆，兩人之間相距適當的距離；目視對方。（圖2-31）

2. 甲乙雙方身體重心移至左腿，接著上右步，身體重心隨之移至兩腿之間；以右手外側腕部搭手，手心向裡，手臂微屈；左手向前、向上舉起，手心貼在對方肘部，成右手腕交叉的雙搭手；目視對方。（圖2-32）

3. 甲右手內旋，翻轉手心向前，貼在乙的右手腕部，左手心貼在乙右肘部；右腿前弓，身體重心慢慢向前移至右腿，左腿伸直成右弓步；同時，右手向乙的面部按去。

圖2-31

乙在甲向自己按來時，身體重心慢慢向後移至左腿，右腿成虛步；右手邊掤邊向自己的身體右側化去；同時身體向右微轉。（圖2-33）

圖2-32

圖2-33

4. 乙右手外旋，翻轉手心向上，手腕外部貼在甲的右手腕部，向下弧形將甲右手壓至右腹前。（圖2-34）

5. 乙右手內旋，翻轉手心向前，貼在乙的右手腕部，左手心貼在乙右肘部；身體重心慢慢向前移至右腿，左腿伸直成右弓步；同時，右手向甲的面部按去。甲在乙向自己按來時，身體重心慢慢向後移至左腿，右腿成虛步；右手邊掤邊向自己的身體右上後側化去；同時身體微向右轉。（圖2-35）

6. 甲右手外旋，翻轉手心向上，手腕外部貼在乙的右手腕部，向下弧形將乙右手壓至右腹前。（圖2-36）

如此反覆循環不斷，反覆練習。折疊雙推手亦可左腳在前，換成左雙搭手練習，動作同上，唯轉身方向相反。

圖2-34

圖2-35

圖2-36

七、四正推手

1. 甲乙雙方相對站立，兩腳與肩同寬，身體自然放鬆，兩人之間相距適當的距離；目視對方。（圖2-37）

2. 甲乙雙方身體重心移至左腿，接著上右步，身體重心隨之移至兩腿之間；以左手外側腕部搭手，手心向裡，手臂微屈；右手向前、向上舉起，手心貼在對方右肘部，成左手腕交叉的雙搭手；目視對方。（圖2-38）

3. 乙左手內旋，翻轉手心向下，手心貼在甲左手腕部，與右手一齊將甲的左手臂向前、向下按去；同時身體重心向前移動。甲以左前臂掤住乙兩手按勁，右手掌心貼在乙的右肘部；身體重心向後移動。（圖2-39）

4. 甲身體向左轉；右手腕部粘在乙左肘部外旋，兩手

圖2-37　　　　　　圖2-38

將乙左手臂向左後捋化。乙順甲之捋勢，隨即將右手離開甲的左肘部移至自己的左肘內側。（圖2-40）

圖2-39

圖2-40

5. 乙順甲之挒勢，隨即身體向左轉動；右手掌附在自己的左肘部內側，以左手臂向甲的胸部平擠去。甲順乙之擠勢，隨即身體向右轉動；兩手掌內旋，手心貼在乙之左手臂上。（圖2-41）

6. 甲左手掌心貼在乙左手腕部，右手掌心貼在乙左手肘部，身體重心向前移動；兩手同時向乙胸部按去。乙以左手腕部掤接住甲右手腕部，右手心貼在左手臂內側；同時身體重心向後移動。（圖2-42）

7. 甲繼續向前按去。乙以右手腕部掤接住甲右手腕部，左手心粘貼在甲的右肘部，隨即乙身體向右轉，左手腕部粘在甲左肘部外旋，兩手將甲右手臂向右後挒化。甲順乙之挒勢，隨即將左手離開乙的右肘部移至自己的右肘內側。（圖2-43）

8. 甲順乙之挒勢，身體向右轉動；左手掌附在自己的

楊式太極拳技擊

40

圖2-41

圖2-42

右手臂部內側，以右手臂向乙的胸部平擠去。乙順甲之擠勢，隨即身體向左轉動；兩手掌內旋，手心貼在甲之右手臂上。（圖2-44）

圖2-43

圖2-44

　　如此反覆循環不斷，反覆練習。四正推手亦可左腳在前，換成右雙搭手練習，動作同上，唯轉身方向相反。

　　四正推手是兩人利用攬雀尾中的掤、捋、擠、按四種手法，在不動步的情況下，進行推手練習的方法，又稱為定步推手。四正推手是楊式太極拳的最基本、也是最主要的推手方法，其他推手法和技擊法均可以由它演變出來。

　　掌握了原地推手法等於掌握了楊式太極拳推手方法的精髓。初習者以盤圓圈入手，練至純熟後，就須將掤、捋、擠、按四種手法一一分清楚，然後一手與一手之間連貫不斷，由雙方手臂的互相粘連，往來屈伸，練習自己身體的感應能力。

八、原地活步推手

　　1. 甲乙雙方相對站立，兩腳與肩同寬，身體自然放鬆，兩人之間相距適當的距離；目視對方。（圖2-45）

　　2. 甲乙雙方身體重心均移至左腿，接著上右步，身體重心隨之移至兩腿之間；以左手手外側腕部搭手，手心向裡，手臂微屈，右手向前、向上舉起，手心貼在對方左肘部，成左手腕交叉的雙搭手；目視對方。（圖2-46）

　　3. 甲左手翻轉，手心向下，手心貼在乙左手腕外側，右手貼在乙的左前臂靠肘部；身體重心微向後移動，右腳向前提起。乙用左手前臂掤住甲兩手，右手心貼在甲的右肘部；身體重心微向前移動左腳向後提起。（圖2-47）

　　4. 甲右腳仍落於原地，左手心貼在乙左手腕部，右手掌心貼在乙手前臂近肘處，兩手同時向前、向下推按乙

圖2-45

圖2-46

圖2-47

圖2-48

之左前臂；身體重心微向前移動。乙左腳仍落於原地，以左手前臂掤住甲兩手按勁；身體重心微向後移動。（圖2-48）

5. 乙以左手腕部掤接甲左手，右手心貼在甲之左肘部，向上、向左捋甲左臂；同時右腳向前提起。甲順乙之捋勢，右手扶貼於左手肘部，兩手向前擠乙胸部；同時左腳向後提起。（圖2-49）

6. 乙右腳仍落於地；左手翻轉，手心向下，手心貼在甲左手腕外側，右手貼在甲的左前臂靠肘部，兩手同時向前、向下推按甲之左前臂。甲左腳仍落於原地；以左手前臂掤住乙兩手按勁；身體重心微向後移動。（圖2-50）

7. 乙兩手一齊繼續向甲按去。甲以右前臂掤接乙的兩手按勁，左手向下、向上繞出，手心貼在乙的右手肘部。（圖2-51）

8. 甲隨即兩手一齊向上、向右捋乙右臂；同時右腳向前提起。乙順甲之捋勢，左手扶貼於右肘部內側，兩手向前擠甲胸部；同時左腳向後提起。（圖2-52）

圖2-49

圖2-50

9. 甲右腳仍落於地；右手翻轉，手心向下，手心貼在甲左手腕外側，左手貼在乙的右前臂靠肘部，兩手同時向

圖2-51

圖2-52

圖2-53

前、向下推按甲之右前臂。乙左腳仍落於原地；以右手前臂掤住乙兩手按勁；身體重心微向後移動。（圖2-53）

如此反覆循環不斷，反覆練習。原地活步推手亦可左腳在前換成右搭手練習。動作如上，唯轉身方向相反。

九、左右換步推手

1. 甲乙雙方相對站立，兩腳與肩同寬，身體自然放鬆，兩人之間相距適當的距離；目視對方。（圖2-54）

2. 甲乙雙方左手同時向前平舉，掌心向內，手臂微屈，成弧形，手腕交叉相搭，手腕部相貼，右手向上舉起，手心貼在對方的左肘部，成左手腕交叉的雙搭手；目視對方。（圖2-55）

3. 甲左手內旋翻轉，手心向下，手心貼在乙的左手腕

部；左腳向前邁步，左腳插於甲的右腳內側（襠間），兩手向乙按去；同時身體重心向前移動。乙以左手前臂掤住

圖2-54

圖2-55

甲兩手按勁；左腳向後方退步，腳尖外撇，身體向右轉；乙左手內旋翻，手心向左、向下採（虛握）甲左手腕，並以右前臂尺骨粘在甲右上臂部，向左、向下将甲左臂；身體重心向後移至左腿。甲順乙之採将之勢，右手心向下附於左肘部內側。（圖2-56、圖2-57）

4. 甲順乙之将勢，身體向左轉動；右手掌附在自己的左肘部內側，以左手臂向乙的胸部平擠去。乙身體向右轉動；左手心貼在甲的左手腕部，右手心貼在甲的左肘部。（圖2-58）

5. 乙身體重心向前移動，同時兩手一起向甲按去。甲以右手腕部掤接乙右手腕部，左手掌心貼在乙右肘部，兩手一起向右後将乙左臂；同時身體重心向後移動，左腳向後退回與右腳並步。乙乘甲之将勢，左手掌心貼在甲右肘部；同時左腳向前進，與右腳並步。（圖2-59、圖2-60）

圖2-56

圖2-57

6. 甲右手內旋翻轉，手心向下，手心貼在乙的右手腕部；右腳向前邁步，右腳插於乙的左腳內側（襠間），兩

圖2-58

圖2-59

圖2-60

手向乙按去，同時身體重心向前移動。乙以右手前臂掤住甲兩手按勁，右腳向後方退步，腳尖外撇，身體向右轉；乙右手內旋翻、手心向右、向下採（虛握）甲右手腕，並以左手前臂尺骨粘在甲右上臂部，向右、向下将之；身體重心向後移至右腿。甲順乙之採将之勢，左手手心向下附於右肘部內側。（圖2-61、圖2-62）

7. 甲順乙之将勢，身體向右轉動；左手掌附在自己的右肘部內側，以右手臂向乙的胸部平擠去。乙身體向左轉動；右手心貼在甲的右手腕部，左手心貼在甲的右肘部。（圖63）

8. 乙身體重心向前移動，同時兩手一齊向甲按去。甲以左手腕部掤接乙左手腕部，右手掌心貼在乙左肘部，兩手一齊向右後将乙左臂；同時身體重心向後移動，左腳向後退回與右腳並步。乙趁甲之将勢，左手掌心貼在甲左肘

圖2-61

圖2-62

部；同時右腳向前進，與左腳並步。（圖2-64、圖2-65）

如此反覆循環不斷，反覆練習。亦可換成乙方進步練習。

圖2-63

圖2-64

圖2-65

十、進一退一推手

1. 甲乙雙方相對站立，兩腳與肩同寬，身體自然放鬆，兩人之間相距適當的距離；目視對方。（圖2-66）

2. 甲乙雙方身體重心均移至左腿，接著上右步，身體重心隨之移至兩腿之間；以左手外側腕部搭手，手心向裡，手臂微屈，右手向前、向上舉起，手心貼在對方肘部，成左手腕交叉的雙搭手；目視對方。（圖2-67）

3. 甲左手內旋翻轉，手心向下貼在乙的左手腕部，右手掌心貼在乙的左肘部，向前按去；同時，右腳向上提起。乙以左手前臂掤住甲的兩手，右手掌心貼在甲的左肘部；左腳向後上提起。（圖2-68）

4. 甲的右腳向下落在原來的位置；左手與右手一起將

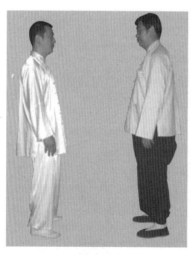

圖2-66

圖2-67

乙的左手臂向前、向下按去；同時身體重心向前移動。乙
以左手前臂掤住甲兩手按勁；左腳向下落在原來的位置，
身體重心向後移動。（圖2-69）

圖2-68

圖2-69

5. 乙身體微向左轉，左手腕部沾在甲左肘部內旋，兩手將甲左手臂向左後捋化；同時右腳向上提起。甲順乙之捋勢，隨即將右手離開乙的左肘部移至自己的左肘內側；同時左腳向上提起。（圖2-70）

6. 乙的右腳向下落在原來的位置；左手掌心貼在甲的左手腕部，右手掌心貼在甲的左手肘部。甲以左手前臂掤住乙兩手按勁，右手掌心扶於左手前臂部；左腳向下落在原來的位置。（圖2-71）

7. 乙兩手一齊向前、向下按去；同時身體重心向前移動。甲以右前臂掤住乙兩手按勁，左手掌心向下、向上繞出，手心貼在乙右肘部；同時身體重心向後移動。（圖2-72）

8. 乙兩手將甲的右前臂繼續向前按去；同時左腳向前提起。甲以右前臂部掤住乙兩手按勁，左手掌心貼在乙的

圖2-70　　　　　　　　圖2-71

右肘部；同時右腳向後提起。（圖2-73）

9.乙左腳向前落下，身體重心向前移動；兩手一齊向

圖2-72

圖2-73

前按甲右前臂。甲右腳向後落下，身體重心向後移動；以右前臂部掤住乙兩手按勁，左手掌心貼在乙的右肘部。（圖2-74、圖2-75）

10. 甲身體微向右轉；左手腕部沾在乙左肘部內旋，兩手將乙右手臂向右後捋化，同時左腳向上提起。乙順甲之捋勢，隨即將左手離開甲的左肘部移至自己的右肘內側；同時右腳向上提起。（圖2-76）

11. 甲的左腳向下落在原來的位置；右手掌心貼在乙的右手腕部，左手掌心貼在乙的右肘部，兩手一齊將乙的右前臂向前、向下按去；同時身體重心向前移動。乙右腳向下落下；以右手前臂掤住乙兩手按勁，左手掌心扶於左前臂內側；身體重心向後移動。（圖2-77、圖2-78）

如此反覆循環不斷，反覆練習。亦可換成左腳在前，成右搭手練習。動作同上，唯轉身方向相反。

圖2-74　　　　　　　圖2-75

圖2-76

圖2-77

圖2-78

十一、進三退三推手

1. 甲乙雙方相對站立，兩腳與肩同寬，身體自然放鬆，兩人之間相距適當的距離；目視對方。（圖2-79）

2. 甲乙雙方身體重心均移至左腿，接著上右步，身體重心隨之移至兩腿之間；右手手外側腕部搭手，手心向裡，手臂微屈，左手向前向上舉起，手心貼在對方右肘部，成右手腕交叉的雙搭手；日視對方。（圖2-80）

3. 乙右手內旋翻轉，手心向下，手心貼在甲的右手腕部，身體重心向前移動，兩手一齊將甲的右前臂向前按去。甲身體重心向後移動；兩手將乙的右臂向自己身體的右後捋去。乙趁甲的捋勢身體向右轉動，左手掌扶在自己的右手臂內側，以右手臂向甲的胸部平擠去；左腳向後提起。甲右手內旋翻轉，手心向下，貼在乙的右手腕部，左手心貼在乙的右肘部；右腳向前提起。（圖2-81）

4. 甲右腳向前落下，身體重心向前移動；兩手一齊將乙的右手前臂向前、向下按去。乙以右手前臂掤住乙兩手按勁，左手掌心扶於左手前臂部；左腳向後落下，身體重心向後移動。（圖2-82）

圖2-79

5. 甲左腳提起向前邁步，身體重心向前移動；兩手一齊將乙的右手前臂繼續向前按去。乙以右手前臂掤住乙兩

圖2-80

圖2-81

圖2-82

手按勁，左手掌心扶於左手前臂部；右腳提起向後退步，身體重心向後移動。（圖2-83）

6. 甲右腳提起向前邁步，身體重心向前移動；兩手繼續向前按去。乙以左手腕部掤接住甲左手腕部，右手向下、向右繞出，手心貼在甲的左肘部；左腳提起向後退步，身體重心向後移動。（圖2-84）

7. 乙右腳提起；順甲之按勢兩手一齊將甲的左臂向左将去。甲順乙的将勢右手掌扶在自己的左手臂內側，以左手臂向乙的胸部平擠去；左腳向後提起。（圖2-85）

8. 乙右腳向前落下，身體重心向前移動；兩手一齊將甲的左手前臂向前、向下按去。甲以左手前臂掤住乙兩手按勁，右手掌心扶於左手前臂部；左腳向後落下，身體重心向後移動。（圖2-86）

9. 乙左腳提起向前邁步，身體重心向前移動；兩手一

圖2-83

圖2-84

齊將甲的左前臂繼續向前、向下按去。甲以左手前臂掤住
乙兩手按勁，右手掌心扶於左前臂內部；右腳提起向後退
步，身體重心向後移動。（圖2-87）

圖2-85

圖2-86

圖2-87

圖2-88　　　　　　　　圖2-89

10. 乙右腳提起向前邁步，身體重心向前移動；兩手繼續向前按去。甲以右手腕部掤接住乙右手腕部，左手向下、向左繞出手心貼在乙的右肘部；左腳提起向後退步，身體重心向後移動。（圖2-88）

11. 甲右腳向上提起，順乙之按勢兩手一齊將乙的右臂向右後捋去。乙順甲的捋勢，左手掌扶在自己的右手臂內側，以右手臂向甲的胸部平擠去；左腳向後提起。（圖2-89）

如此反覆循環不斷，反覆練習。亦可換成左腳在前左搭手練習。動作同上，唯轉身方向相反。

十二、上步插襠推手

1. 甲乙雙方相對站立（假設甲面南，乙面北），兩腳

與肩同寬，身體自然放鬆，兩人之間相距適當的距離；目
視對方。（圖2-90）

2. 甲乙雙方同時右手向前平舉，掌心向內，手臂微屈
成弧形，手腕交叉相搭，手背相貼，左手向上舉起，手心
貼在對方的右肘部，成右手腕交叉的雙搭手；目視對方。
（圖2-91）

3. 甲右手內旋翻轉，手心向下，手心貼在乙的右手腕
部；身體重心移至左腿，右腿向前邁步，右腳插於甲的左
腳內側（襠間）；兩手一齊將乙右前臂向前按去；同時身
體重心向前移動。乙以右前臂掤住甲兩手按勁；右腿向後
方退步，腳尖外撇，身體向右轉；乙右手內旋翻轉，手心
向右、向下採（虛握）乙右手腕，並以左手前臂尺骨粘在
甲右上臂部，向右、向下将之；身體重心向後移至右腿。
甲順乙之採将之勢，同時左手心向下附於右肘部內側。

圖2-90

圖2-91

（圖2-92、圖2-93）

4. 甲順乙之将勢，身體向右轉動；左手掌附在自己的左肘部內側，以右前臂向乙的胸部平擠去。乙身體向左轉動；右手心貼在甲的右手腕部，左手心貼在甲的右肘部。（圖2-94）

5. 乙身體重心向前移動；兩手一齊將甲的右前臂向前按去；同時右腳提起向前邁步，右腳落在甲的左腳內側（襠間），身體重心向前移動。甲身體重心向後移動；以左手腕部掤接住乙左手腕部，右手向下、向右繞出手心貼在乙的左肘部；同時右腳提起向右後退步，腳尖外撇，身體向左轉；左手內旋翻轉，手心向下採（虛握）乙左手腕，並以右手前臂尺骨粘在乙之上臂部，向左、向下将之；身體重心向後移至右腿。乙順甲将之勢，右手心向下附於左肘部內側。（圖2-95、圖2-96）

圖2-92

圖2-93

6. 乙順甲之挒勢，身體向左轉動；右手掌附在自己的左肘部內側，以左前臂向甲的胸部平擠去。甲身體向右轉

圖2-94

圖2-95

圖2-96

圖2-97

動；右手心貼在乙的右手腕部，左手心貼在乙的右肘部。
（圖2-97）

　　如此反覆循環不斷，反覆練習。亦可換成左搭手先進
左步或乙方先進步練習，動作同上，唯轉身方向相反。

十三、進三退二推手

　　1. 甲乙雙方相對站立，兩腳與肩同寬，身體自然放
鬆，兩人之間相距適當的距離；目視對方。（圖2-98）
　　2. 甲身體重心移至左腿，上右步，身體重心在兩腿之
間。乙身體重心移至右腿，上左步，左腳落在甲的右腳內
側，身體重心在兩腿之間。雙方各以自己的左手外側腕部
搭手，手心向裡，手臂微屈，右手向前、向上舉起，手心
貼在對方的左肘部，成左手腕交叉的雙搭手；目視對方。

圖2-98

圖2-99

（圖2-99）

3. 乙左手內旋翻轉，手心向下，手心貼在甲的左手腕部，右手貼在甲的左肘部，兩手一齊將甲的左前臂向前按去；身體重心向前移動。甲順乙的按勢，兩手將乙的左臂向自己的左後側捋去；身體重心向後移動。乙順甲的捋勢，右手心扶在自己的左臂內側。（圖2-100）

圖2-100

4. 乙順甲的捋勢，右手心扶在自己的左臂內側，左前臂向甲的胸部擠去。甲右腳提起，向下落步，右腳落在乙的左腳內側；左手心貼在乙

的左手腕部，右手心貼在乙的左手肘部，一齊將乙的左前臂向前按去；身體重心向前移動。乙以自己的左手前臂掤接住甲的按勢；身體重心向後移動。（圖2–101）

5. 甲左腳提起向前邁步，左腳落在乙的右腳外側，身體重心向前移動；兩手繼續向前按去。乙以自己的右手腕部掤住甲的右手腕部，左手向下、向左繞出，手心貼在甲的右肘部；左腳提起向後退步，身體重心向後移動。（圖2–102）

6. 甲右腳提起向前邁步，右腳落在乙的左腳內側，身體重心向前移動；兩手將乙的右前臂向前按去。乙右腳提起向後退步，身體重心向後移動；兩手順甲的按勢，將甲的右臂向自己的身體右後方将去。甲順乙的将勢，左手掌心扶於自己的右臂內側。（圖2–103）

7. 甲身體右轉；左手扶於自己的右臂內側，以右前臂向乙的胸部擠去。乙身體左轉；右手心貼在甲的右手腕

圖2–101

圖2–102

部，左手心貼在甲的右肘部。（圖2-104）

　　8. 乙左腳提起，向下落在甲的右腳內側；兩手一齊將

圖2-103

圖2-104

甲的右前臂向前按去；身體重心向前移動。甲以自己的右前臂掤接住乙的按勢；身體重心向後移動。（圖2-105）

9. 乙右腳提起向前邁步，右腳落在甲的左腳外側，身體重心向前移動；兩手繼續向前按去。甲以左手腕部掤住乙的左手腕部，右手向下、向右繞出，手心貼在乙的左肘部；右腳提起向後退步，身體重心向後移動。（圖2-106）

10. 乙左腳提起向前邁步，左腳落在甲的右腳內側，身體重心向前移動；兩手將甲的左前臂向前按去。甲左腳提起向後退步，身體重心向後移動；兩手順乙的按勢，將乙的左臂向自己的身體左後方捋去。乙順甲的捋勢，右手掌心扶於自己的左臂內側。（圖2-107）

11. 乙身體右轉；右手扶於自己的左臂內側，以左前臂向甲的胸部擠去。甲身體右轉；左手心貼在乙的左手腕部，右手心貼在乙的左肘部。（圖2-108）

圖2-105　　　　　　　圖2-106

如此反覆循環不斷，反覆練習。亦可換成雙方換步右搭手進行練習，動作同上，唯轉身方向相反。

圖2-107

圖2-108

十四、拗步推手

1. 甲乙雙方相對站立，兩腳與肩同寬，身體自然放鬆，兩人之間相距適當的距離；目視對方。（圖2-109）

2. 甲乙雙方身體重心均移至左腿，接著上右步，身體重心隨之移至兩腿之間；以左手外側腕部搭手，手心向裡，手臂微屈，右手向前、向上舉起，手心貼在對方肘部，成左手腕交叉的雙搭手；目視對方。（圖2-110）

3. 乙左手內旋翻轉，手心向下貼在甲左手腕部，右手心貼在甲左肘部，兩手一齊將甲的左手臂向前、向下按去；同時身體重心向前移動。甲以左前臂掤住乙兩手按勁；身體重心向後移動。（圖2-111）

4. 甲右腳隨即向上提起，向下落在乙的右腳外側；左

圖2-109

圖2-110

手內旋翻轉，手心向下貼在乙的左手腕部，右手心貼在乙的左肘部，將乙的左臂向自己的身體左下側捋去；身體向左轉。乙右手心扶在左手臂內側向前擠去。甲左手內旋翻轉，手心向下，手心貼在乙左腕部。（圖2-112）

圖2-111

圖2-112

5. 甲左手心貼在乙左手腕部，右手心貼在乙左肘部，兩手一齊將乙的左前臂向下、向前按去；同時左腳提起向前邁步，身體重心向前移動。乙右手心扶於左前臂內側，與左前臂一起掤住甲兩手按勁；同時右腳提起向後退步，身體重心向後移動。（圖2-113）

6. 甲兩手繼續向前按去；同時右腳提起向前邁步，身體重心向前移動。乙以右前臂掤住甲兩手按勁，左手心貼在甲的右肘部，兩手一齊將甲的右臂向自己的身體右下側捋去；同時左腳提起向後退步，身體重心向後移動，身體微右轉。甲在乙捋自己的的右臂時，左手心扶於自己的右前臂內側。（圖2-114）

7. 甲順乙之捋勢，身體向右轉動；左手掌附在自己的右肘部內側，以右手臂向乙的胸部平擠去。乙身體向左轉動；右手內旋翻轉，手心向下貼在甲的右手腕部；同時右

圖2-113

腳提起向前邁步，右腳落在甲的右腳外側，身體重心向前
移動。甲以右前臂掤住乙兩手按勁；身體重心向後移動。
（圖2-115）

圖2-114

圖2-115

8. 乙右手心貼在甲右手腕部，左手心貼在甲右肘部，兩手一起將甲的右前臂向下、向前按去；同時左腳提起向前邁步，身體重心向前移動。甲左手心扶於右前臂內側，與右前臂一起掤住甲兩手按勁；同時右腳提起向後退步，身體重心向後移動。（圖2-116）

9. 乙兩手繼續向前按去；同時右腳提起向前邁步，身體重心向前移動。甲以左前臂掤住乙兩手按勁，右手向下、向上繞出，手心貼在乙的右肘部，兩手一起將乙的左臂向自己的身體左下側抄去；同時左腳提起向後退步，身體重心向後移動，身體微左轉。乙在甲抄自己的左臂時，右手心扶於自己的左前臂內側。（圖2-117）

如此反覆循環不斷，反覆練習。亦可左腳在前換成右搭手練習，動作同上，唯轉身方向相反。

圖2-116

圖2-117

十五、上步靠推手

1. 甲乙雙方相對站立，兩腳與肩同寬，身體自然放鬆，兩人之間相距適當的距離；目視對方。（圖2-118）

2. 甲乙雙方右手同時向前平舉，掌心向內，手臂微屈成弧形，手腕交叉相搭，手背相貼，左手向前、向上舉起，手心貼在對方的右肘部，成右手腕交叉的雙搭手；目視對方。（圖2-119）

3. 甲右手內旋翻轉，手心向下，貼在乙右手腕部；右腿向前邁步，右腳插於乙的左腳內側（襠間）；兩手向乙按去，同時身體重心向前移動。乙以右前臂掤住甲兩手按勁；右腿向後方退步，腳尖外撇，身體向右轉；乙右手內旋翻轉，手心向下採（虛握）甲右手腕，並以左前臂尺骨

圖2-118

圖2-119

粘在甲右上臂部，向右、向下将之；身體重心向後移至右腿。甲順乙之採将之勢，左手心向下附於右肘部內側，以肩部向乙胸部靠去。（圖2-120、圖2-121）

4. 乙兩手同時向前按甲右前臂；身體重心向前移至左腿。甲左手隨即向前移貼於乙的右肘部；身體重心向後移至左腿。（圖2-122）

5. 乙右腿向前邁步，與左腳並行站立，與肩同寬。甲右腿向後退步，與左腳並行站立，與肩同寬。兩人雙手仍成右手腕交叉的雙搭手。（圖2-123）

6. 乙右手內旋翻轉，手心向下，手心貼在甲右手腕部；右腿向前邁步，右腳插於甲的左腳內側（襠間）；兩手向甲按去，同時身體重心向前移動。甲以右前臂掤住乙兩手按勁；右腿向後方退步，腳尖外撇，身體向右轉；甲右手內旋翻轉，手心向右向下採（虛握）乙右手腕，並以

圖2-120　　　　　　　圖2-121

左前臂尺骨粘在乙右上臂部，向右、向下挒之；身體重心
向後移至右腿。乙順甲之採挒之勢，左手手心向下附於右

圖2-122

圖2-123

肘部內側，以肩部向甲胸部靠去。（圖2-124、圖2-125）

7. 甲兩手同時向前按乙右前臂；身體重心向前移至左腿。乙左手隨即向前移貼於甲的右肘部；身體重心向後移至左腿。（圖2-126）

8. 甲右腿向前邁步，與左腳並行站立，與肩同寬。乙右腿向後退步，與左腳並行站立，與肩同寬。兩人雙手互相粘連黏隨，仍成右手腕交叉的雙搭手。（圖2-127）

如此反覆循環不斷，反覆練習。亦可進左腳，換成左手腕交叉的雙搭手練習，動作同上，唯轉身方向相反。

在四正推手練至手法輕靈圓活，粘連黏隨，無絲毫拙力，身法步法和順自然後，進一步就可以練活步推手。活步推手是在原地推手法熟練的基礎上為進一步提高技術練習的。雙方在進退中練習手法、步法、身法的協調性和靈活性，以使周身上下一致，在進退中能化能發。練習活步

圖2-124　　　　　　　　圖2-125

推手要做到粘連黏隨、快慢平均、上下相隨，雙方密切配合。無論進步和退步，各種手法均應一氣完成，不可間斷或分割；進退時不可忽快忽慢，萬不可手快足慢或手慢足

圖2-126

圖2-127

快，亦不可足未到而手先到或手未到而足先到。

十六、大捋推手

　　練習楊式太極拳定步推手、進退步推手後，就須練習大捋推手。因該推手的捋法和步法配合，比定步推手中的捋的幅度較大，故稱之為大捋。又因為大捋推手走的是四個斜角，又稱為四隅推手。四隅就是西北、西南、東南、東北。大捋推手是楊式太極拳推手的高級階段。

　　1. 甲乙雙方相對站立（假設甲面南，乙面北），兩腳與肩同寬，身體自然放鬆。兩人之間相距適當的距離；目視對方。（圖2-128）

　　2. 甲乙雙方同時向前平舉，掌心向內，手臂微屈成弧形，手腕交叉相搭，手背相貼，左手向上舉起，手心貼在對方的右肘部，成右手腕交叉的雙搭手；目視對方。（圖2-129）

　　3. 乙右手翻轉，手心向下，貼在甲右手腕部，左手心貼在甲右前臂靠近肘處，兩手按甲右前臂。甲以右前臂掤住乙兩手按勁；右腿向右後方（西北斜方）退步，腳尖外撇，身體向右轉。乙在甲右腿向右後方退步的同時，左腿向左側（西方）橫邁步，腳尖外撇，身體重心向前移至左腿。（圖2-130）

　　4. 甲右手內旋翻轉，手心向右、向下採（虛握）乙右手腕，並以左前臂尺骨粘在乙右上臂部，向右、向下捋之；身體重心向後移至右腿。乙順甲之採捋之勢，右腿向前邁步，右腳插於甲的左腳內側（襠間），身體重心向前

移至右腿；同時左手手心向下附於右肘部內側，以肩部向
甲胸部靠去。（圖2-131）

圖2-128

圖2-129

圖2-130

圖2-131

5. 甲身體微左轉；左手內旋翻轉，手心向下，左前臂隨腰胯下沉，向下採化乙靠之勢，右掌向乙面部閃擊。（圖2-132）

6. 乙身體微右轉；同時右手向上，手心朝裡，以右手腕部掤接甲之右腕，化解甲右手掌對自己的閃擊。（圖2-133）

7. 乙用右手向上掤接甲右腕的同時，左手隨即向前移貼於甲的右肘部；左腳上半步，以左腳掌為軸，身體向右轉，右腿向後退步，兩腳並行站立，與肩同寬，轉為面向東方。甲左腿也同時向左前上半步，腳尖內扣，身體向右轉，右腿向前上步，兩腳並立，與肩同寬，轉為面向西方。兩人雙手互相粘連黏隨，仍成右手腕交叉的雙搭手。（圖2-134）

8. 甲右手翻轉，手心向下貼在乙右手腕部，左手心貼在甲右前臂靠近肘處，兩手按乙右前臂。乙以右前臂掤住

圖2-132

甲兩手按勁；右腿向右後方（西南斜方）退步，腳尖外撇，身體向右轉。甲在乙右腿向右後方退步的同時，左腿向左側（南方）橫邁步，腳尖外撇，身體重心向前移至左

圖2-133

圖2-134

腿。（圖2-135）

9. 乙右手內旋翻轉，手心向右、向下採（虛握）甲右手腕，並以左前臂尺骨粘在甲右上臂部，向右、向下将之；身體重心向後移至右腿。甲順乙之採将之勢，右腿向前邁步，右腳插於乙的左腳內側（襠間），身體重心向前移至右腿；同時左手手心向下附於右肘部內側，以肩部向乙胸部靠去。（圖2-136）

10. 乙身體微左轉；左手內旋翻轉，手心向下，左前臂隨腰胯下沉，向下採化甲靠之勢，右手掌向甲面部閃擊。（圖2-137）

11. 甲身體微右轉；同時右手向上，手心朝裡，以右手腕部掤接乙之右腕，化解乙右手掌對自己的閃擊。（圖2-138）

12. 甲用右手向上掤接乙右腕的同時，左手隨即向前

圖2-135

圖2-136

移貼於乙的右肘部；左腳上半步，以左腳掌為軸，身體向
右轉，右腿向後退步，兩腳並行站立，與肩同寬，轉為面
向北方。乙左腿也同時向左前上半步，腳尖內扣，身體向

圖2-137

圖2-138

右轉，右腿向前上步，兩腳並立，與肩同寬，轉為面向南方。兩人雙手互相粘連黏隨，仍成右手腕交叉的雙搭手。（圖2-139）

13. 乙右手翻轉，手心向下貼在甲右手腕部，左手心貼在甲右前臂靠近肘處，兩手按甲右前臂。甲以右前臂掤住乙兩手按勁；右腿向右後方（東南斜方）退步，腳尖外撇，身體向右轉。乙在甲右腿向右後方退步的同時，左腿向左側（東方）橫邁步，腳尖外撇，身體重心向前移至左腿。（圖2-140）

14. 甲右手內旋翻轉，手心向右、向下採（虛握）乙右手腕，並以左前臂尺骨粘在乙右上臂部，向右、向下捋之；身體重心向後移至右腿。乙順甲之採捋之勢，右腿向前邁步，右腳插於甲的左腳內側（襠間），身體重心向前移至右腿；同時左手手心向下附於右肘部內側，以肩部向

圖2-139

圖2-140

甲胸部靠去。（圖2-141）

15. 甲身體微左轉；左手內旋翻轉，手心向下，左前臂隨腰胯下沉，向下採化乙靠之勢，右手掌向乙面部閃擊。（圖2-142）

16. 乙身體微右轉；同時右手向上，手心朝裡，以右手腕部掤接甲之右腕，化解甲右手掌對自己的閃擊。（圖2-143）

17. 乙用右手向上掤接甲右腕的同時，左手隨即向前移貼於甲的右肘部；左腳

圖2-141

圖2-142

圖2-143

上半步，以左腳掌為軸，身體向右轉，右腳向後退步，兩腳並行站立，與肩同寬，轉為面向西方。甲左腳也同時向左前上半步，腳尖內扣，身體向右轉，右腳向前上步，兩腳並立，與肩同寬，轉為面向東方。兩人雙手互相粘連黏隨，仍成右手腕交叉的雙搭手。（圖2-144）

18. 甲右手翻轉，手心向下貼在乙右手腕部，左手心貼在乙右前臂靠近肘處，兩手按乙右前臂。乙以右前臂掤住甲兩手按勁；右腿向右後方（東北斜方）退步，腳尖外撇，身體向右轉。甲在乙右腿向右後方退步的同時，左腳向左側（北方）橫邁步，腳尖外撇，身體重心向前移至左腿。（圖2-145）

19. 乙右手內旋翻轉，手心向右、向下採（虛握）甲右手腕，並以左手前臂尺骨粘在甲右上臂部，向右、向下挒之；身體重心向後移至右腿。甲順乙之採挒之勢，右腳

圖2-144　　　　　　　圖2-145

向前邁步，右腳插於乙的左腳內側（襠間），身體重心向前移至右腿；同時左手手心向下附於右肘部內側，以肩部向乙胸部靠去。（圖2–146）

20. 乙身體微左轉；左手內旋翻轉，手心向下，左前臂隨腰胯下沉，向下採化甲靠之勢，右手掌向甲乙面部閃擊。（圖2–147）

21. 甲身體微右轉；同時右手向上，手心朝裡，以右手腕部掤接乙之右腕，化解乙右掌對自己的閃擊。（圖2–148）

圖2–146

圖2–147

圖2–148

圖2-149

22. 甲用右手向上掤接乙右腕的同時，左手隨即向前移貼於乙的右肘部；左腳上半步，以左腳掌為軸，身體向右轉，右腿向後退步，兩腳並行站立，與肩同寬，轉為面向南方。乙左腳也同時向左前上半步，腳尖內扣，身體向右轉，右腳向前上步，兩腳並立，與肩同寬，轉為面向北方。兩人雙手互相粘連黏隨，仍成右手腕交叉的雙搭手。（圖2-149）

如此反覆循環不斷，反覆練習。亦可換成進左搭手、進左步練習，動作同上，唯轉身方向相反。

大捋推手運用掤、捋、擠、按、採、挒、肘、靠八法及閃、撅、切截等法，在整個大捋過程中有的表現明顯，有的表現不明顯，只有在變化中才能運用出來。現將各法簡述如下以供參考。

掤：雙方接手時，皆為掤。一方在對方按時，在捋前

用掤承接對方按；被捋一方在對方用掌閃擊自己時，被採的手用掤粘接對方的閃擊。

捋：對方按時，一方向後退步捋化對方的按。捋在大捋中最為明顯。

擠：在對方捋時，順勢向前進擠，然後靠。擠的動作不明顯，在靠之前，習練者應知其含義。

按：開始時，一方變按向前進步。

採：捋的一方粘住對方的手腕向下為採，先捋後採。採的動作表現得比較明顯。

挒：挒在大捋中動作不明顯，只有在變化中表現出來。習者應知其含義。捋的一方一手粘住對方的手腕向下採，另一手撇開對方的肘，以右手大拇指一側手背向對方領際以掌斜擊。

肘：捋的一方在捋採後有用肘的意識；被捋的一方在靠前也有肘的意識。當被捋時，被捋之臂屈肘向對方胸部頂去。肘的動作不明顯，只有在變化中體現出來，習者應知其含義。

靠：靠在大捋中動作極為明顯。一方被捋時，向前進步，順著對方的捋向對方身體靠去。

閃：閃在大捋中動作極為明顯。一手向下、向外化開對方的靠，另一手鬆開對方的腕，以掌向對方面部閃擊。

撅：撅在大捋中動作不明顯，只有在變化中表現出來。在捋對方時，一手握住對方手腕，一手貼在對方的肘部，隨勢俯身往下，向前撅沉對方被捋之臂。

切截：捋的一方粘住對方的手腕向下為採，右手小指側的腕部用寸勁擊對方肘部即為切截。

在練習大捋時，須按照太極拳的各項要求練習，尤須注意的是在練習大捋時，雙手必須與對方相黏，否則勁斷，易為對方乘隙而入，也不能感知對方的勁路變化。大捋的每一個動作均有技擊作用。練習大捋推手，初練時感覺繁雜，動作不順，等到手法、步法、身法、上下周身一致後，就應深究各法的應用，習之日久自然會有體會。故《太極拳體用全書》說：「大捋互相推轉，週而復始，其切要處，正在換步之靈妙耳。其神化，卻非筆墨所能縷述，須口授指點，方能盡其變。」

第三章
楊式太極拳
技擊圖解

一、預備勢

預備勢是太極拳第一式，此式為太極拳中各式之主。站定時，頭宜正直，內含頂勁，眼向前平視，胸微內含，脊背拔起，不可前俯後仰，兩肩下沉，兩肘微坐，兩手下垂，指尖向下，掌心向內，腰胯鬆開，兩腳距離與肩同寬。要精神內固，氣沉丹田，純任自然，不可造作，守我之靜，以待對方之動。（圖3-1）

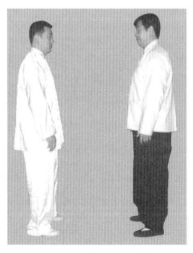

圖3-1

二、起 勢

　　起勢，起而動之，為開始動作，稱為起勢。含有上
掤、下按、採法。

　　我鬆靜站立，以待對方來攻。對方右腳向前邁出一
步，身體重心向前移動，成右弓步，從我前方用雙拳或
掌，向我的胸部擊來（圖3-2）。我兩手由下向上從外側
將對方的雙手接住（圖3-3），隨即兩手一起將對方的雙
手向下採去，使對方身體重心前傾。（圖3-4）。

　　我鬆靜站立，以待對方來攻。對方右腳向前邁出一
步，身體重心向前移動，成右弓步，從我前方用雙手將我
的雙手抓住（圖3-5）。我隨即兩手一齊由下向上、向前
將對方的雙手向上掤發，將對方發放出去。（圖3-6）

圖3-2

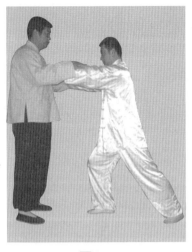

圖 3-3

圖 3-4

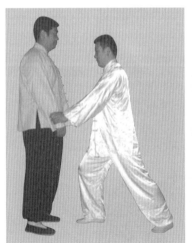

圖 3-5

圖 3-6

三、攬雀尾

攬雀尾是太極拳體用兼備之總手，含有掤、将、擠、按、採、挒、肘、靠、切、截等法，是練好太極拳、推手、散手的基礎。

我鬆靜站立，以待對方來攻。對方右腳向前邁出一步，身體重心向前移動，成右弓步，用右拳或掌向我的胸部擊來（圖3-7）。我身體重心移至右腿，兩手一齊將對方的右手掤接住，然後向右下将去（圖3-8）；對方向後抽回右手時，我隨即用左腳向對方的右腿蹬去。（圖3-9）

我鬆靜站立，以待對方來攻。對方左腳向前邁出一步，身體重心向前移動，成左弓步，從我前方用左拳或掌向我的胸部擊來（圖3-10）。我身體重心移至右腿，左腿

圖3-7

圖3-8

成虛步，左手由下向上將對方的左手掤接住（圖3–11）；
我隨即左腳向前邁步，身體重心向前移動，同時左手向對
方的胸部掤去。（圖3–12）

圖3–9

圖3–10

圖3–11

圖3–12

我鬆靜站立，以待對方來攻。對方右腳向前邁出一步，身體重心向前移動，成右弓步，從我前方用右拳或掌向我的胸部擊來（圖3-13）。我身體重心移至右腿，右手由下向上以手腕外側掤接對方進攻我的右手（圖3-14）；隨即左腳向前邁步，身體重心向前移動，右手將對方的右手向右下捋採，同時左手以手臂外側向對方的胸部掤擊。（圖3-15）

我鬆靜站立，以待對方來攻。對方右腳向前邁出一

圖3-13

圖3-14

步，身體重心向前移動，成右弓步，從我前方用右拳或掌
向我的胸部擊來（圖3-16）。我身體重心移至左腿，右腳

圖3-15

圖3-16

向前邁步，右手由下向上以手腕外側掤接對方進攻我的右手，左手向上扶於對方的右肘部（圖3-17）；隨即身體重心向前移動，兩手一起將對方的右手向前掤去。（圖3-18）

我鬆靜站立，以待對方來攻。對方左腳向前邁出一步，身體重心向前移動，成左弓步，從我前方用左拳或掌向我的胸部擊來（圖3-19）。我身體重心移至右腿，左手由下向上以手腕外側掤接對方進攻我的左手，右手向上

圖3-17

圖3-18

扶於對方的左肘部（圖3-20）；隨即左腳向後退步，身體
重心向後移動，兩手一起將對方的左手向左後将去，使對

圖3-19

圖3-20

圖3-21

方身體前傾。（圖3-21）

　　對方身體重心前傾後
欲向後撤，調整自己身體
重心時，我右手外旋，手
心翻轉向上置於對方左手
臂上（圖3-22）；隨即身
體重心向前移動，兩手一
齊向前、向對方胸部擠
去。（圖3-23）

　　我鬆靜站立，以待對
方來攻。對方左腳向前邁
出一步，身體重心向前移

圖3-22

動，成左弓步，從我前方用左拳或掌向我的胸部擊來（圖
3-24）。我身體重心移至左腿，右腳向前邁步，左手由下

向上以手腕外側掤接對方進攻我的左手，右手向上扶於對方的左肘部（圖3-25）；隨即兩手將對方的左臂向左平

圖2-23　　　　　　　圖2-24

圖2-25

圖2-26　　　　　　　　圖2-27

持，對方被持後欲雙臂向我胸部擠，我雙手按於對方左前臂上（圖3-26）；隨即身體重心向前移動，兩手一起向對方胸部按去。（圖3-27）

四、單　鞭

單鞭即單手擊人的方法。含有掤、持、按、採、肘、靠等法。

我鬆靜站立，以待對方來攻。對方上右腳向前一步，身體重心向前移動，從我前方用右拳或掌向我的胸部擊來（圖3-28）；我身體微右轉，雙手向上將對方之來手掤接後，向自己的右後方持化，使對方進攻我的右拳或掌落空，同時身體重心移至右腿，左腿成虛步（圖3-29）。對方的右手進攻落空，向後移動自己的身體，抽回右手，調

整自己的平衡。我以右手勾拿住對方的右手腕部，左腳向前邁出一步，同時身體重心向前移動，用自己的左掌向敵人的胸部擊去。（圖3-30）

圖3-28　　　　　　　　　圖3-29

圖3-30

五、提手上勢

提者就是上提之意，如手提物狀。含有挒、擠、採、捌、靠、閃、切、截等法。

我鬆靜站立，以待對方來攻。對方左腳向前邁出一步，身體重心向前移動，成左弓步，從我前方用左拳或掌向我的腹部擊來（圖3-31）。我左手以掌向上、向右拍擊對方的左前臂下部近腕處，或用左手執拿對方的手腕部，右手以掌向上、向左拍擊對方的左臂肘部外側；同時身體重心移至左腿，右腳向前邁出半步成虛步（圖3-32）。對方被我攻擊後，如果向後退並抽回自己的左臂，我即右腳向前上步，雙手將敵人的左臂左右相合，向前搓送（圖3-33）；或者右手外旋翻轉，手心向上，趁對方向後抽回

圖3-31　　　　　　　圖3-32

楊式太極拳技擊

圖3-33　　　　　　　　圖3-34

左臂時，向對方的咽喉部擊去。（圖3-34）

　　我鬆靜站立，以待對方來攻。對方右腳向前邁出一步，身體重心向前移動，成右弓步，從我前方用右拳或掌向我的胸部擊來（圖3-35）。我身體重心移至左腿，右腳向前邁出半步成虛步，同時左手向上粘住對方的右臂向右捋去，右手向右、向上、向左用掌心拍擊

圖3-35

對方的面部（圖3-36）；或者在用掌心拍擊對方面部的同時，右腳向對方的襠部踢去。（圖3-37）

圖3-36　　　　　　　　　　圖3-37

六、白鶴亮翅

　　此勢兩腿前後一伸一屈，兩手一上一下，如鶴之展翅，故稱為白鶴亮翅。含有掤、捋、按、採、靠、閃等法。

　　我鬆靜站立，以待對方來攻。對方左腳向前邁出一步，身體重心向前移動，成左弓步，從我前方用左拳或掌向我的面部擊來（圖3-38）。我則身體重心移至右腿，用右手從下向上、向右以手臂外側掤接對方進攻我的左手，微右捋帶，左手心向下隨之向上扶在右前臂旁（圖3-39）。對方隨即以用右拳或掌向我的腹部擊來。我則用左手從上向下、向外截擊方進攻我的右手（圖3-40）；我隨即左腳向前邁半步成虛步，右手用掌攻擊對方的肩部或面部，左手

圖3-38

圖3-39

圖3-40

圖3-41　　　　　　　　圖3-42

將對方擊向我的右手向外捋採（圖3-41），或者在進攻對
方的同時用左腳踢向對方的襠部。（圖3-42）

　　我鬆靜站立，以待對方來攻。對方左腳向前邁出一
步，身體重心向前移動成左弓步，從我前方用左拳或掌向
我的面部擊來。我則身體重心移至右腿，用右手從下向
上、向右以手臂外側掤接對方進攻我的左手後，向右捋
帶，左手心向下隨之向上扶在右前臂旁，隨即左手由上向
下、向外以小指側擊向對方的左肋部（圖3-43），或者在
進攻對方的同時用左腳踢向對方的襠部。（圖3-44）

七、摟膝拗步

　　摟膝，即是以手摟膝蓋之意。拗步，與順步相反，
如：出左腳，伸右手；出右腳，伸左手，即是拗步。含有

圖3-43

圖3-44

提、按、採、挒、閃等法。

　　我鬆靜站立，以待對方來攻。對方左腳向前邁出一

圖3-45　　　　　　　圖3-46

步，身體重心向前移動，成左弓步，從我前方用右拳或掌向我的胸部擊來（圖3-45）。我身體微右轉，重心移至右腿，左腳向前邁步成虛步，左手從下向上、向右、捋化對方進攻的右手，同時右手從下向上提至自己的肩部前方，手心向前（圖3-46）；當對方右手進攻落空而向後抽回右臂時，我左手將對方的右臂向下、向外攟開，用右手向對方的胸部擊去，同時身體微左轉，重心向前移動成左弓步。（圖3-47）

八、手揮琵琶

兩手如抱琵琶，以手指扶弦者然。含有掤、捋、採、提、挒、切、截等法。

我鬆靜站立，以待對方來攻。對方右腳向前邁出一

圖3-47

圖3-48

圖3-49

步，身體重心向前移動，成右弓步，用右拳或掌向我的胸
部擊來（圖3-48）。我右手由下向上以手腕外側掤接對方
進攻我的右手，同時身體重心移至右腿（圖3-49）；隨即

圖3-50　　　　　　　　圖3-51

右手內旋將對方的右手向下採去，左手由下向上用手心將對方的右肘部上托，左腳向前邁半步成虛步（圖3-50）；當對方右手進攻落空而向後抽回右臂時，我隨即雙手將敵人的右臂左右相合，向前搓送。（圖3-51）

九、搬攔捶

即搬攔對方進攻之手而攔阻之，復用拳進擊之，稱為搬攔捶。為太極拳五捶之一。含有掤、捋、擠、按、採、挒、捶等法。

我鬆靜站立，以待對方來攻。對方右腳向前邁出一步，身體重心向前移動，成右弓步，用右拳或掌向我的胸部擊來（圖3-52）。我右手由下向上以手臂外側掤接對方進攻的右手，左手向上，手心貼在對方的肘部，兩手一齊

圖 3-52

圖 3-53

將對方右臂向自己的身體右側捋化，同時微右轉，身體重心移至右腿（圖 3-53）；隨即左手將對方的右臂向下採

圖3-54　　　　　　　　　圖3-55

去，使對方的進攻落空，右手握拳放置在右腰間，拳心向上，同時左腳向前邁出一步成虛步（圖3-54）；對方被我挒採而欲向後抽回右臂時，我身體重心向前移至左腿，同時左手將對方的右臂向下採住，右拳向對方的胸腹部擊去。（圖3-55）

十、如封似閉

封閉，即封鎖對方進攻之意。含有掤、挒、擠、按、採、挒等法。

對方鬆靜站立，以待我來攻。我左腳向前邁出一步，身體重心向前移動，成左弓步，用右拳或掌向對方的胸部擊去（圖3-56）。對方左手將我的右手握住，向後引帶，同時身體重心向後移動（圖3-57）。我左手隨即由下向上

圖3-56

圖3-57

置於對方的左臂下方，手心向裡，然後左手置於對方的左
手腕部內旋，右手也內旋，將對方抓握我的左手掙脫，我

左手虛握對方的左手腕部，右手心貼在對方的肘部，向後、向下捋採，同時身體重心向後移動，引帶對方的身體重心前移（圖3-58）；對方被捋採而欲向後抽回左臂時，我隨即兩手一齊向對方的腹部按去。（圖3-59）

我鬆靜站立，以待對方來攻。對方左腳向前邁出一步，身體重心向前移動，成左弓步，用左拳或掌向我胸部擊來（圖3-60）。我右手由下向上將對方的左手臂粘接住（圖3-61），隨即身體重心移至左腿，右腳向

圖3-58

圖3-59

圖3-60

前邁步，落在對方左腳內側，成虛步，同時左手由下向上粘住對方左臂後，向左捋對方的左手臂，翻轉手心按在對方的左手腕部，右手心扶著對方的左肘部（圖3-62）；隨

圖3-61

圖3-62

圖 3-63

即身體重心向前移動，兩手一齊向對方的胸部按去。（圖3-63）

十一、十字手

十字手即兩手交叉相搭之謂也。含有掤、捋、擠、按、採、靠等法。

對方上左腳向前邁出一步，身體重心向前移動，成左弓步，用右拳或掌從我的後方向我的背部擊來（圖3-64）。我右手由下向上以手臂外側掤

圖 3-64

接對方進攻的右手，同時身體右轉（圖3-65）；隨即右手內旋翻轉，手心向下，將對方的右手向下捋採，使對方身體前傾。（圖3-66）

圖3-65

圖3-66

圖3-67

　　我鬆靜站立，以待對方來攻。對方右腳向前邁出一
步，身體重心向前移動，成右弓步，用雙拳或雙掌向我的
胸部或頭部擊來（圖3-67）。我雙手由下向上以手臂外側
從對方的兩手內側掤接對方進攻的雙手，兩手交叉（圖
3-68）；隨即雙手內旋，向外分開，將對方的雙手向下捋
採，使對方身體重心前傾。（圖3-69）

十二、抱虎歸山

　　假若對方為虎，抱而擲之，如對方欲逃走，即乘勢而
推，故名之為抱虎歸山。含有掤、捋、擠、按、採、挒、
肘、靠、閃、切、截等法。
　　我鬆靜站立，以待對方來攻。對方右腳向前邁出一
步，身體重心向前移動，成右弓步，用右拳或掌向我的胸

圖3-68

圖3-69

圖3-70

部擊來。我身體重心移至左腿，同時右手向上提至左腹
前，左手上提至左耳旁（圖3-70）；隨即右腳向右前方邁

圖3-71　　　　　　　　　　圖3-72

步，同時右手順勢接住對方的右手向右後将去（圖
3-71）；對方向後抽回右手時，我即身體重心向前移動，
左手向對方的面部或肩部擊去。（圖3-72）

十三、肘底看捶

將拳放在肘尖下，以靜待動，既有防對方進攻之意，
又有進攻之勢。為太極拳五捶之一。含有掤、将、按、
採、挒、閃、捶等法。

我鬆靜站立，以待對方來攻。對方左腳向前邁出一
步，身體重心向前移動，成左弓步，用左拳或掌向我的胸
部擊來（圖3-73）。我左手由下向上以手臂外側掤接對方
進攻的左手，右手向上，手心貼在對方的肘部，兩手一齊
將對方左臂向自己的身體左後側将化，同時微左轉，身體

圖3-73

圖3-74

圖3-75

重心移至右腿（圖3-74）；隨即左腳向前邁出半步成虛步，同時右手將對方的左臂向下採去，左手向對方的面部或胸部擊去。（圖3-75）

圖 3-76   圖 3-77

　　我鬆靜站立，以待對方來攻。對方右腳向前邁出一步，身體重心向前移動，成右弓步，用右拳或掌向我的胸部擊來（圖 3-76）。我身體重心移至右腿，左手由下向上以手臂外側掤接對方進攻的左手，右手握拳放置在右腰間，拳心向上（圖 3-77）；隨即左腳向前邁出半步成虛步，左手內旋翻轉，手心向前，將對方的右手向左引化，同時右拳向對方的胸腹部擊去。（圖 3-78）

十四、倒攆猴

　　在退步中捋化對方的進攻，同時以手擊向對方，稱為倒攆猴。含有掤、捋、採、按、挒、閃等法。

　　我鬆靜站立，以待對方來攻。對方左腳向前邁出一步，身體重心向前移動，成左弓步，用左拳或掌向我的胸

圖3-78

圖3-79

圖3-80

部擊來（圖3-79）。我身體重心移至右腿，左腳向後退步，同時左手由下向上以手臂外側掤接對方進攻的左手，右手由下向上提至右耳旁，手心向前（圖3-80）；隨即身

圖3-81

體重心順勢向後移動，左手將對方的左手向左下引化，右手向對方的面部或胸部擊去。（圖3-81）

十五、斜飛勢

將自己的兩臂一上一下、一前一後斜展開，名之為斜飛勢。含有提、挒、按、採、捌、肘、靠等法。

我鬆靜站立，以待對方來攻。對方上左腳向前邁出一步，身體重心向前移動，成左弓步，用左拳或掌向我的胸部擊來（圖3-82）。我身體重心移至左腿，右腳向前邁步，同時左手由下向上粘接住對方的左手，右手由下向上提至腹前（圖3-83）；隨即身體重心向前移動，左手將對方的左手向下、向左採，右手掌以大拇指一側向對方的咽喉部擊去。（圖3-84）

圖3-82

圖3-83

圖3-84

圖3-85

　　我鬆靜站立，以待對方來攻。對方右腳向前邁出一步，身體重心向前移動，成右弓步，用右拳或掌向我的胸部擊來（圖3-85）。我身體重心移至左腿，右腳向前邁出

圖3-86

圖3-87

一步，同時左手由下向上、向右粘接住對方的左手（圖3-86）；隨即將對方的右手向下将採，同時身體重心向前移動，右肩向對方的胸部靠去（圖3-87）；對方被我靠後，身體向後仰，我右手掌即以大拇指一側向對方的腋下擊去。（圖3-88）

十六、海底針

圖3-88

將自己的手指向下直插，稱為海底針。含有掤、将、按、採、肘、切、截等法。

圖3-89

圖3-90

　　我鬆靜站立，以待對方
來攻。對方右腳向前邁出一
步，身體重心向前移動，成
右弓步，用右拳或掌向我的
胸部擊來（圖3-89）。我
右手由下向上以手臂外側掤
接對方進攻的右手，左手向
前、向上，手心貼在對方的
肘部，與右手一齊將對方的
右臂微上掤（圖3-90）；
隨即身體重心向下、向後移
動，同時兩手一齊將對方的
右臂向下採去。（圖3-91）

圖3-91

十七、扇通背

將兩臂比喻為摺扇，如扇之展開，使脊骨之力通達兩臂。含有掤、捋、按、閃等法。

我鬆靜站立，以待對方來攻。對方右腳向前邁出一步，身體重心向前移動，成右弓步，用右拳或掌向我的頭部擊來（圖3-92）。我身體微右轉，重心移至右腿，左腳向前邁出一步成虛步，同時右手由下向上以手臂外側掤接對方進攻的右手，左手隨之向上提至右手下方；隨即右手內旋，將對方的右手向自己的右後上方捋化，使對方進攻我的右拳或掌落空（圖3-93）；當對方的右手進攻落空而向後移動自己的身體，抽回右手並調整自己的平衡時，我順勢身體重心向前移動，用左掌向對方的胸部擊去。（圖3-94）

圖3-92

圖3-93

圖3-94

十八、撇身捶

撇身之後用捶進擊對
方，稱為撇身捶。為太極
拳五捶之一。含有掤、
捋、按、採、閃、捶等
法。

我鬆靜站立，以待對
方來攻。對方右腳向前邁
出一步，身體重心向前移
動，成右弓步，從我右方

圖3-95

用右拳或掌向上、向左朝我的胸部擺擊（圖3-95）。我身
體右轉，重心移至左腿，右腳向右前邁步，同時右手由下

圖3-96　　　　　　　　圖3-97

向上用手腕外側掤接對方進攻我的右手（圖3-96）；隨即身體重心向前移動，同時右手將對方的右手向右下捋採，左手向對方的面部或胸部擊去。（圖3-97）

十九、雲　手

　　兩手在腰脊的帶動下，上下左右盤旋回轉，如行雲流水，稱為雲手。含有掤、捋、按、採、捌、靠、閃等法。
　　我鬆靜站立，以待對方來攻。對方左腳向前邁出一步，身體重心向前移動，成左弓步，從我身體左側用左拳或掌向上、向左朝我的胸部擺擊（圖3-98）。我身體重心移至右腿，左腳橫向前邁步，同時左手由下向上用手腕外側掤接對方進攻我的右手（圖3-99）；隨即身體重心向前移動，同時左手內旋，翻轉手心向下，將對方的左手向下

捋採。（圖3-100）

　　我鬆靜站立，以待對方來攻。對方左腳向前邁出一

圖3-98

圖3-99

圖3-100

圖3-101　　　　　　　　　圖3-102

步，身體重心向前移動，成左弓步，從我身體左側用左拳或掌向上、向左朝我的胸部擺擊（圖3-101）。我身體重心移至右腿，左腳橫向前邁步，同時左手由下向上用手腕外側掤接對方進攻我的右手（圖3-102）；隨即身體重心向前移動，同時左手內旋，翻轉手心向前，將對方的左手向左前按去，右手以掌根部向對方的左肋部擊去。（圖3-103）

二十、高探馬

將身體高聳，向前探出，如騎馬探身向前，稱為高探馬。含有掤、捋、按、採、捌、閃等法。

我鬆靜站立，以待對方來攻。對方左腳向前邁出一步，身體重心向前移動，成左弓步，從我前方用左拳或掌

圖3-103

圖3-104

圖3-105

向我的胸部擊來（圖3-104）。我身體微左轉，重心移至
右腿，同時左手由下向上用手腕外側掤接對方進攻我的左
手，右手向上提至右肩前，手心向下（圖3-105）；隨即

圖3-106

左腳向前邁出半步成虛步，同時左手將對方向我進攻的左手向左下方捋化，右手向前以小手指外側掌緣向對方的咽喉部切去。（圖3-106）

二十一、分　腳

用腳尖向左右旋轉分踢對方身體，稱為分腳。含有掤、捋、採、挒、分腳等法。

我鬆靜站立，以待對方來攻。對方右腳向前邁出一步，身體重心向前移動，成右弓步，從我前方用右拳或掌向我的胸部擊來（圖3-107）。我身體重心移至右腿，左腳向左前方邁步，同時左手由下向上粘接住對方的右手，右手向上提起置於自己的左手上方（圖3-108）；隨即身體重心向前移動，同時左手將對方的右手向右下採去，右

圖3-107

圖3-108

圖3-109

第三章 楊式太極拳技擊圖解

手向前以小手指外側掌緣向對方的頸部右側切去。（圖
3-109）

圖3-110　　　　　　　　圖3-111

　　我鬆靜站立，以待對方來攻。對方右腳向前邁出一步，身體重心向前移動，成右弓步，從我前方用右拳或掌向我的胸部擊來（圖3-110）。我身體重心移至左腿，同時雙手一齊由下向上提起成交叉狀，右手在外，左手在內，將對方的右手向上掤架（圖3-111）；隨即右手向前下劈，左手向左後分開，同時右腳由下向左、向右以腳掌外緣踢擊對方右側肋部。（圖3-112）

二十二、蹬　腳

　　用腳跟直接發力，向前蹬擊對方身體，稱為蹬腳。含有掤、捋、採、挒、蹬腳等法。

　　我鬆靜站立，以待對方來攻。對方左腳向前邁出一步，身體重心向前移動，成左弓步，從我前方用左拳或掌

圖3-112

圖3-113

圖3-114

向我的胸部擊來（圖3-113）。我身體重心移至右腿，同時雙手一齊由下向上提起成交叉狀，左手在外，右手在內，將對方的左手向上掤架（圖3-114）；隨即左手向前

圖3-115

下劈，右手向右後分開，同時左腳由下向上提起以腳掌向前蹬擊對方腹部。（圖3-115）

二十三、進步栽捶

向前進步，同時使拳由上向下栽之狀，故名之栽捶。為太極拳五捶之一。含有提、捋、採、挒、栽捶等法。

我鬆靜站立，以待對方來攻。對方右腳向前邁出一步，身體重心向前移動，成右弓步，從我前方用右拳或掌向我的胸部擊來（圖3-116）。我身體重心移至右腿，同時左手由下向上粘接住對方的右手，右手握拳向上提至右耳旁（圖3-117）；隨即左腳向前邁步，左手將對方的右手向下、向左採去（圖3-118）；對方向後抽回右臂時，我身體重心向前移動，右手握拳，由上向下向對方的胸腹

圖3-116

圖3-117

圖3-118

圖3-119

部擊去。（圖3-119）。

圖3-120　　　　　　　　　圖3-121

二十四、打虎勢

一手握拳上打，一手握拳下壓，氣勢兇猛，如同打
虎，故名之為打虎勢。含有掤、捋、擠、按、採、挒、捶
等法。

我鬆靜站立，以待對方來攻。對方右腳向前邁出一
步，身體重心向前移動，成右弓步，從我前方用右拳或掌
向我的胸部擊來（圖3-120）。我身體重心移至左腿，雙
手由下向上將對方的右手掤接住（圖3-121）；我右腳向
右前邁步，兩手一齊將對方的右手向右下捋去（圖
3-122）；對方向後抽回右臂時，我隨即身體重心向前移
動，左手向對方的右手下採，然後握拳外旋向右擊打對方
的右腹部，右手握拳內旋，向上、向左朝對方的左太陽穴

圖 3-122

圖 3-123

擊去。（圖3-123）

圖3-124　　　　　　　　圖3-125

二十五、雙峰貫耳

　　兩手握拳由兩側夾擊對方兩耳，勢大力猛，猶如排山倒海，故稱為雙峰貫耳。含有提、採、按、捌、膝、捶等法。

　　我鬆靜站立，以待對方來攻。對方右腳向前邁出一步，身體重心向前移動，成右弓步，從我前用雙拳或掌向我的胸部擊來（圖3-124）。我身體重心移至左腿，兩手由下向上從外側將對方的雙手粘接住（圖3-125）；隨即兩手一起將對方的雙手向下採去，右腿向上提起，用膝部向對方的腹部頂去（圖3-126）；對方向後抽回兩手，我隨即右腳向前邁步，身體重心向前移動，兩手內旋，將對方的雙手向左右分開，然後握拳由下向上向對方的兩側

圖 3-126

圖 3-127

太陽穴擊去。（圖 3-127）

圖3-128　　　　　　　　圖3-129

二十六、野馬分鬃

　　兩手一上一下、一前一後，如馬奔馳時馬鬃分展，故名之為野馬分鬃。含有提、採、挒、肘、靠、閃等法。

　　我鬆靜站立，以待對方來攻。對方左腳向前邁出一步，身體重心向前移動，成左弓步，從我前方用左拳或掌向我的胸部擊來（圖3-128）。我身體重心移至左腿，左手由下向上將對方的左手粘接住（圖3-129）；隨即右腳向前邁步，左手將對方的左手向下、向外捋採去（圖3-130）；對方向後抽回左手時，我身體重心向前移動，右手由下向上、向前以大手指側向對方的左腋下擊去。（圖3-131）

圖3-130

圖3-131

二十七、玉女穿梭

　　周行四角，靈巧飛動，
綿綿不斷，如玉女穿梭一樣
輕巧敏捷，故而名之。含有
掤、捋、採、挒、閃等法。

　　我鬆靜站立，以待對方
來攻。對方右腳向前邁出一
步，身體重心向前移動，成
右弓步，從我前方用右拳或
掌向我的胸部擊來（圖
3-132）。我身體重心移至
左腳，右腳向前邁步成虛

圖3-132

圖3-133 　　　　　　　　　圖3-134

步，同時右手由下向上以手臂外側掤接對方進攻我的右手
（圖3-133）；對方進攻落空而向後抽回右手時，我左手
向對方的心窩部擊去，右手內旋，手心斜向外，順勢向前
擊去。（圖3-134）

二十八、下　勢

身體下降，將對方進攻之勢下引，稱為下勢。含有
提、捋、採、穿等法。

我鬆靜站立，以待對方來攻。對方右腳向前邁出一
步，身體重心向前移動，成右弓步，從我前方用右拳或掌
向我的胸部擊來（圖3-135）。我身體重心移至左腳，右
腳向後退步，同時左手由下向上將對方的左手粘接住（圖
3-136）；隨即身體重心向後、向下移動，左手將對方的

圖3-135　　　　　　　圖3-136

圖3-137

右手向下捋採（圖3-137）；對方向後抽回右手時，我身
體重心向前、向上移動，以左手指向對方的腹部插去。

圖3-138

（圖3-138）

二十九、金雞獨立

　　一手上揚，一手下按，一腳提起，一腿獨立，如金雞獨立，故名之。含有掤、将、採、按、挒、穿、膝等法。

　　我鬆靜站立，以待對方來攻。對方右腳向前邁出一步，身體重心向前移動，成右弓步，從我前方用右拳或掌向我的胸部擊來（圖3-139）。我身體重心移至左腳，同時左手由下向上、向外以手臂外側掤接對方進攻我的右手（圖3-140）；隨即左手內旋將對方的右手向下採去，同時右手由下向上用手指插向對方的下頜部，右腿向上提起，用膝部由下向上頂擊對方的腹部或襠部。（圖3-141）

　　我鬆靜站立，以待對方來攻。對方右腳向前邁出一

圖3-139　　　　　　　　　圖3-140

圖3-141　　　　　　　　　圖3-142

步，身體重心向前移動，成右弓步，從我前方用右拳或掌
向我的胸部擊來。我身體重心移至左腳，同時左手由下向
上以手掌托住對方進攻我的右手（圖3-142）；隨即身體

圖3-143

重心向前移至右腿，左腿由下向上提起，用膝部由下向上
頂擊對方的腹部或襠部，同上左手將對方的右手臂上托。
（圖3-143）

三十、白蛇吐信

　　掌指向前插擊對方的身體，如蛇吐信一樣，故名之為
白蛇吐信。含有掤、捋、穿、採、按、挒、閃等法。

　　我鬆靜站立，以待對方來攻。對方右腳向前邁出一
步，身體重心向前移動，成右弓步，從我前方用右拳或掌
向我的胸部擊來（圖3-144）。我身體重心移至左腳，右
腳向前邁步，同時右手由下向上將對方的右手掤接住（圖
3-145）；隨即身體重心向前移動，右手將對方的右手向
下捋，並向前插向對方的胸腹部（圖3-146）；對方身體

圖3-144　　　　　　　　　圖3-145

圖3-146　　　　　　　　　圖3-147

重心向後移動，我即以左手向對方的面部或胸部擊去。
（圖3-147）

圖3-148　　　　　　　　　圖3-149

三十一、穿　掌

　　一手將對方的進攻之手下壓，一手用手指插向對方，名為穿掌。含有提、按、採、挒、穿等法。

　　我鬆靜站立，以待對方來攻。對方左腳向前邁出一步，身體重心向前移動，成左弓步，從我前方用左拳或掌向我的胸部擊來（圖3-148）。我身體微左轉，重心移至右腿，右手從下向上粘住對方的左前臂，向左後将化對方進攻的左手（圖3-149）；接著，我左腳向前邁步成虛步，同時右手將對方的左手向下採，左手向上提至胸前，手心向上（圖3-150）；對方左手進攻落空而向後抽回左臂時，我隨即身體重心向前移動成左弓步，右手將對方的左手向下採去，同時左手以手指向對方的咽喉部插去。

圖3-150

圖3-151

（圖3-151）

三十二、十字腿

原為左手向前，右腳向前蹬擊對方，稱為十字腿，後改為現在拳式。含有掤、捋、採、挒、蹬腳等法。

我鬆靜站立，以待對方來攻。對方右腳向前邁出一步，身體重心向前移動，成右弓步，從我前方用右拳或

圖3-152

掌向我的胸部擊來（圖3-152）。我身體重心移至左腿，同時雙手一齊由下向上提起成交叉狀，右手在外，左手在

圖3-153　　　　　　　　圖3-154

內，將對方的右手向上掤架（圖3-153）；隨即右手向前下劈，左手向左後分開，同時右腳由下向上提起，以腳掌向前蹬擊對方右膝關節。（圖3-154）

三十三、指襠捶

　　向前進步，用拳擊打對方的襠部，名之為指襠捶。為太極拳五捶之一。含有提、捋、採、挒、捶等法。

　　我鬆靜站立，以待對方來攻。對方右腳向前邁出一步，身體重心向前移動，成右弓步，從我前方用右拳或掌向我的胸部擊來（圖3-155）。我身體微右轉，重心移至右腿，左腳向前邁步成虛步，左手從下向上粘住對方右手後，向右捋化對方進攻的右手，同時右手握拳，從下向上提至自己的右腰間，拳心向上（圖3-156）；當對方右手

圖3-155

圖3-156

圖3-157

圖3-158

進攻落空而向後抽回右臂時，我左手將對方的左臂向下、向外摟開，用右拳向對方的腹部或襠部擊去，同時身體重心向前移動成左弓步。（圖3-157、圖3-158）

圖3-159　　　　　　　　　　圖3-160

三十四、上步七星

　　向前上步，兩拳上下交叉，狀如北斗七星，故名之為上步七星。含有掤、提、捶等法。

　　我鬆靜站立，以待對方來攻。對方右腳向前邁出一步，身體重心向前移動，成右弓步，從我前方用右拳或掌向我的胸部擊來（圖3-159）。我身體重心移至左腿，右腳向前邁半步成虛步，同時兩手握拳，由身體兩側向上舉起，兩手交叉，左手在上，右手在下，將對方進攻的右手向上掤架。（圖3-160）

　　我鬆靜站立，以待對方來攻。對方右腳向前邁出一步，身體重心向前移動，成右弓步，從我前方用右拳或掌向我的胸部擊來（圖3-161）。我身體重心移至左腿，同時左手握拳，由下向上、向外以手臂外側掤接對方進攻我

圖3-161

圖3-162

圖3-163

的右手，右手握拳提至腰間，拳心向上（圖3-162）；隨
即右腳向前邁半步成虛步，右手向前擊向對方的心窩部。
（圖3-163）

圖3-164

三十五、退步跨虎

　　往後退步，兩手分開，如同跨上虎背，故而名之。含有提、採、挒、閃等法。

　　我鬆靜站立，以待對方來攻。對方左腳向前邁出一步，身體重心向前移動，成左弓步，從我前方用雙拳或雙掌向我的胸部擊來（圖3-164）。我雙手由下向上在對方的兩手之間，以手臂外側掤接對方進攻我的雙手，同時身體重心移至左腿（圖3-165）；接著，右腳向後退半步，左腳成虛步，同時右手內旋，手心向前，將對方的左手向右上方化開，左手內旋將對方的右手向左下採去。（圖3-166）

圖3-165

圖3-166

圖3-167

三十六、轉身擺蓮

　　旋轉身體，以腳掌外側弧形擺踢對方，如旋風般，稱
為轉身擺蓮。含有掤、捋、採、腳等法。

　　我鬆靜站立，以待對方來攻。對方左腳向前邁出一
步，身體重心向前移動，成左弓步，從我前方用左拳或掌
向我的胸部擊來（圖3-167）。我身體重心移至左腿，兩
手由下向上掤接對方進攻我的左手（圖3-168）；我雙手
隨即將對方進攻我的左手向我的身體左側捋化，對方向我
進攻的左手向後抽回時，我右腳由下向上、向右弧形用腳
外側踢擊對方的腹部。（圖3-169）

圖3-168

圖3-169

圖3-170

三十七、彎弓射虎

兩臂圓撐，如開弓射虎之意，故而名之為彎弓射虎。含有掤、捋、採、捶等法。

我鬆靜站立，以待對方來攻。對方右腳向前邁出一步，身體重心向前移動，成右弓步，從我前方用右拳或掌向我的胸部擊來（圖3-170）。我身體重心移至左腿，雙手由下向上將對方的右手掤接住；隨即右腳向右前邁步，兩手一齊將對方的右手向右下捋去（圖3-171）；對方向後抽回右臂時，我隨即身體重心向前移動，左手握拳向對方的腹部擊去，右手握拳向對方的左太陽穴擊去。（圖3-172）

我鬆靜站立，以待對方來攻。對方右腳向前邁出一步，身體重心向前移動，成右弓步，從我前方用右拳或掌

圖 3-171

圖 3-172

圖 3-173

　　向我的頭部擊來（圖3-173）。我身體重心移至左腿，右
手由下向上將對方的右手掤接住；隨即將對方的右手向右

| 圖3-174 | 圖3-175 |

上化去（圖3-174）；對方向後抽回右臂時，我隨即向右前方邁步，身體重心向前移動，左手握拳向對方肋部或腹部擊去。（圖3-175）

我鬆靜站立，以待對方來攻。對方左腳向前邁出一步，身體重心向前移動，成左弓步，從我前方用左拳或掌向我的胸部擊來（圖3-176）。我右腳向右前方邁步，左手由下向上將對方的左手掤接住（圖3-177）；隨即身體重心向前移動，左手向前下方擊對方的腹部，右手向對方的左太陽穴擊去。（圖3-178）

圖3-176

圖3-177

圖3-178

圖3-179

三十八、收 勢

　　收勢即結束還原的意思。無論練拳、推手或者散手練完後都要靜立片刻，凝神靜氣，將氣收於丹田，使氣血歸回原狀。（圖3-179）

楊澄甫談推手

太極拳以練習推手為致用。學推手則即是學覺勁，有覺勁則懂勁便不難矣。故總論所謂「由懂勁而階及神明」，此言即根於推手無疑矣。

純粹太極，其臂如棉裏鐵，柔軟沉重，推手之時，可以分辨。其拿人之時，手極輕而人不能過，其放人之時，如脫彈丸，迅速乾脆，毫不受力。被跌出者，但覺一動，並不覺痛，已跌出丈餘矣。

其粘人之時，並不抓擒，輕輕粘住，即如膠而不能脫，使人雙臂酸麻而不可耐。

而欲以力擒制太極拳能手，則如捕風捉影，處處落空，又如水上踩葫蘆，終不得力。

許禹生談推手

　　推手，或曰搭手，一曰靠手。各派拳術家多有之，以練習進身用著之法者也。太極拳術以懂勁為拳中要訣，而懂勁以使皮膚富感覺力為初步。此感覺力練習之法，在二人肘、腕、掌、指互搭，推蕩往來，以研磨皮膚，由皮膚壓迫溫涼之覺度，以察知敵勁之輕重虛實及經過方位。久之感覺靈敏，黏走互助，微動即知，斯為懂勁矣。

　　太極拳經曰：懂勁後愈練愈精。習太極拳者，不習推手，等於未習；習推手而未能懂勁，則運用毫無是處。嗚呼，升階有級，入室知門，學者於推手術，盍注意焉。

陳微明談推手

　　推手者，所以求其用也。他種拳術，雖亦有二人對手者，然不過十餘式，再多不過數十式耳。而來者其法不一，何能執定法以應之哉！

　　太極推手，則有掤、捋、擠、按、採、挒、肘、靠八字。此八字所以練其身之圓活，二人粘連綿隨，週而復始，如渾天之球，斡旋不已，而經緯弧直之度，莫不全備。將此一身，練為渾圓之一體，隨屈就伸，無不合宜，則物來順應，變化而無窮矣。

　　此所謂萬法歸一，得其一而萬事畢矣。

向愷然談推手

　　楊家推手的方式，由淺入深，共有四種。最初彼此都用單手搭挽，使站走靈活。次則按掤擠捋按，四手彼此都用雙手，兩腳站立不動，僅以身手進退。又次則活步進退。再次則向四隅進退，名為大捋。步法、身法、手法漸次繁難，務使練習的人能進退隨意，緩急皆由自主，不受制於人。

　　太極拳的原理，和其他之拳術不同。太極注重粘走，所謂於不丟不頂中討生活是也。粘即是不丟，走即是不頂。此理說的容易，做到實難。一部分之粘走尚易，全體之粘走尚難。欲全體粘走如意，則非有大捋不為功。

　　練太極拳的人在推手的時候，十分注意聽勁的功夫。聽勁的名詞，為太極拳所專有。其意義並不是用耳去聽，乃是用皮膚去聽。換言之，便是練習觸覺，使之靈敏。皮膚能聽得敵勁之來路方面，即順著來勢以半個圓招架、半個圓攻擊。太極拳論中所謂粘即是走、走即是粘，就是這個道理。

　　常見有練太極拳之人於推手的時候，在掤捋擠按四手之外，任意出手或多方阻礙，使不得按規定次序推揉。功夫生疏的，每致停滯不知應如何走法。其多方阻礙之動作，術語謂之拿，即拿住不放之意。此類推法，不能沒有，然僅可為練習的一部分工作，不能以此為基本練習。好處在使練習的人容易明白粘走變化的方法，又能使觸覺增加靈敏。

　　無論何種技藝，皆是熟能生巧。一方面練拿，拿即是粘，一方面練走，自然由熟可以得巧。然則何以僅一部分工作，不能作基本練習呢？因為能粘與不能粘、能走與不能走，全在功夫的深淺。若沒有相當的功夫，儘管知道粘走的方法，仍是粘不住走不了。基本練習，還是按著規矩推揉掤捋擠按四手，並得認真分析，不可苟且馬虎放過，則三手皆不停當矣。

　　推手也是一個太極的圓圈。在一個圓圈之中，分出掤捋擠按四手。掤擠為半圓，捋按為半圓。本係連貫而成，故一手忽略，則全圓因之破壞。在這四手連貫成一大圓圈之中，於彼此皮膚接觸之處，每手又各成一小圓圈。每於小圓圈中，又分半圓為粘，半圓為走。兩手同時粘走，虛實須得分清。若不分清，即犯雙重。兩手虛實分清後，便得注意到一手虛中之實，實中之虛。不然，則一手之中亦犯雙重，其弊害與犯兩手雙重相等。

董英傑談推手

　　學推手初步練習，先學兩人粘黏打圈，次學掤捋擠按四個方法。再次學化勁：先學肘化，次學腰化，再學兩肩化，更要有柔軟圓滑。然後學隨機應變全身化。學掤捋擠按用法，然後再學連化勁帶打法。

　　知覺懂勁，要多推手，自得粘連黏隨之妙。

　　推手時要細心揣摩，不可將對方推出以為笑樂。務要使我之重心，對方不能捉摸，對方之重心，時時在我手中。

練時你捋我擠，我擠你將按，你按我預掤，我掤你再按，我同時又斜捋。此四手法，上下左右前後，週而復始，圓轉自如。二人常常練習，功久自熟，熟能生巧。久之手膊漸有知覺，即能懂勁。懂勁後愈練愈精。

葉大密談推手

太極輕靈，如荷葉承露有傾即瀉。

推手須先求其圓，後求其方。

推手須流而能留。

不丟而丟，不頂而頂，意在人先，變化倏忽，則丟而不丟，頂而不頂矣，是謂即丟即頂。然即丟即頂，全是從不丟不頂中得來。

推手之圈，以外大內小為佳，外大可以眩人耳目，亂人意志，內小才能轉變靈活，集中迅速。

太極推手，能忽隱忽現猶是初步，其後為不隱不現，最後則順勢借力而已。

徐思允談推手

太極拳為體，推手為用。其始循例動作，亦步亦趨而已。久之能不脫，又久之能不抗，由整而散，漸漸能不亂。尤難者，彼此相黏，必求機勢。機勢者，順逆、向背、堅瑕之區別也。機勢得矣，必求方向，或上或下、或正或隅，得之則如脫彈丸，失之則如撼大樹。方向得矣，必求其時，早則我勢未完，遲則彼覺而變。三者皆得，而

又動之至微，發之至驟，引之至長。

陳炎林談推手

初學定步推手，掤、捋、擠、按四手，泰半不能連貫圓滿。須跟隨教師或藝高者盤轉圓圈至純熟後，再由教師口授掤、捋、擠、按四手。四手能一一分清，練至綿綿不斷，腰腿能旋轉自如，黏化均能順手，然後可學拿勁、發勁。該時當覓　對手，作為鵠的，先練一種拿勁或發勁。切不可一勁未通，又練他勁；更不可同時練習數種。須知一勁能通，任何勁均能使用，一勁不佳，其他亦不妙矣。

在未練拿勁、發勁之前，須儘量給教師或藝高者拿發，視其如何引己，如何拿己，如何發己。拿發之地點何處；拿發之時間早遲；拿發之方向正隅，均須以身實地試驗，作為悟解之門徑。萬不可求之過速，欲速則不達。

太極拳基本功夫，全在定步推手中。夫推手至相當程度後，又不可專與一人推練。無論何人，手剛手柔，勁大勁小，藝淺藝深，均須推習。否則熟者能發，不熟者不能，似未普及，亦屬徒然。活步推手，當求手、腰、腿三部一致。前進後退尤不可使粘黏勁忽斷。

譚夢賢談推手

推手者，敵我二人，以一手或兩手靠搭，用粘連黏隨四字功夫，劃陰陽兩圈。其法有二：（一）甲劃圓圈，乙隨之而走；或乙劃圓圈，甲隨之而走。（二）甲乙兩人各

劃半圓圈，合成一整圓圈。

然無論一整圓圈或兩半圓圈，均於此圓圈上，研究掤、捋、擠、按四字要訣。唯應注意者，甲乙兩人各有一重心。甲乙兩人靠手時，又於靠手之交叉點自成一重心。此三重心點，由甲乙兩人互相爭奪，得重心者勝，失重心者敗，此一定之理也。

黃元秀談推手

聽化拿發四字功夫，甚難甚難。雖畢生研究，亦無止境。其總訣在一圓圈。其化也發也避也攻也，無不以圓圈為之。所謂太極者在此，所謂妙用者亦在此。

以余個人之揣擬，初練習推手者，於掤捋擠按中，先以兩人合作五個大圓圈，來試演之，名為基本方法。（一）平面圓圈；（二）直立圓圈；（三）斜形圓圈；（四）前後圓圈；（五）自轉圓圈。

先將此法習演成熟，以後可以變化各種圓圈而妙用之……初試圓圈大而笨，繼則小而活，再則其圈不在外而在內，有圈之意，無圈之形，一剎那間，而妙用發矣。到此地步，可以意會，不可以言；莫知其妙，而妙自在。非有長久刻苦功夫，不能到也。

黃壽宸談推手

推手時應按法練習「聽、化、拿、發」及「粘連黏隨不丟頂」，用腰來轉動身軀及四肢，全神貫注，呼吸自

然，全體舒鬆，連綿貫串，初練時不宜找勁太早（找勁者，彼此不照規矩，隨意攻擊化解），太早則喜用力。用力成為習慣，不能得精巧之意，來日成就必不高。

楊澄甫談散手

太極拳散手隨即應變，無一定法。若會聽勁，則聞一知百；若不會聽勁，雖知多法，亦用不好。

陳微明談散手

太極拳散手與他種拳之散手不同。太極拳散手是由粘住聽勁而出。他種拳之散手是離開而各施其手腳，遠則彼此不相及，近身則互相抱扭，仍有力者勝焉。孫武子曰：「知己知彼。」後人發，先人至。太極聽勁全是知彼功夫。能粘住敵人，彼不動我不動；彼微動我先動。彼不會聽勁，一動即跌出矣。若太極拳聽勁功夫尚不能到，不能粘住敵人，則不必與人動手可也。

散手用法，非隨機應變不可。若欲隨機應變，非平時推手練出極靈敏之感覺，雖手疾眼快，亦不能用之密合而無間。故用散手，仍須由粘手變化而來，不然雖記得打法解法數百手，亦不能應付千門萬派之拳腳。

太極唯有一粘字，千變萬化皆由粘字而出。《太極拳論》云：「人不知我，我獨知人。英雄所向無敵，蓋由此而及也。」蓋推手之法全是練習知人功夫。他派拳法雖好，唯無推手，故全靠手疾眼快。然一粘住則不知勁來之

方向長短，不免有抵抗或落空之弊。孫子曰：「知己知彼，百戰不殆。」即此意也。

陳炎林談太極散手

散手在太極拳中，亦為重要功夫之一，能補助推手與大捋之不足。凡在推手或大捋時，如人手易丟或無粘黏掤化諸勁，則散手尚焉。

太極拳中之散手，完全與他派不同，其粘連黏隨，捨己從人，內勁化發，綿綿不斷，一如推手大捋。勿論一手或一式，均有化有發，出乎自然，全以腰腿為主，而無硬施強行等動作。學者練習推手大捋至相當程度後，則散手之應用，萬不可不研究。否則如九仞之崇，所欠一簣，豈不惜哉。太極散手分單人練習與雙人練習兩種。

單人練習方法甚多，或用掌，或用拳，或用腕，或用肘，或用肩，或用腰，或用胯，或用膝，或用足（共九節，節節能發人）。凡拳架中任何一勢一手，皆可單練。唯姿勢、應用、內勁及運氣等法，則非由名師傳授不可。

雙人練習，係將全套十三勢拳架中各式一一拆開，隨每手用法，互相連貫，合成散手對打。其間連接之處，可謂天衣無縫，千變萬化，奧妙無窮，誠拳中之傑作也。

學者如能將其全套上下手各式熟記，並能應用，則在單人盤架子時，姿勢既能準確美觀，而興趣愈覺濃厚，身心獲益，恐非筆墨所能形容。至推手大捋時，更可左右逢迎，出奇制勝，實為太極拳中之結晶。希學者切勿漠視之。

鄭曼青談散手

散手即散打，無定法。推手大捋，乃著熟功夫，著熟即是學聽勁，由聽勁而漸悟懂勁。既懂勁，無所謂著與不著，散與不散，黏與不黏，隨與不隨，此皆費辭，不得中肯綮。散手之方在五行，所謂進退顧盼定也。苟能懂勁且知方，則用拳矣。

余從澄師遊七年，為之所苦而難到者，只有 勁，曰接勁。能接勁，便是懂勁之極致。功至此，餘勁皆可弗論矣。接勁者，若對方以球擊我，稍一頂撞或截碰，皆彈出矣。此皆撞勁，非接勁也。球體輕，是以易於撞出，比如球體重數百斤，亦能一撞而彈出乎。所以撞勁非如法，必須球來似能吸住，而復擲出，乃為接勁。緩速輕重皆能如法，則黏聽提放，已在其中。

合吞吐之意於霎那間，其勁正在分寸之際，庶乎階及神明矣，散手又復何論。我故曰：太極拳之所以過人者，無他，唯有一接勁而已。

王新午談散手

散手者，各勢各著單獨使用之謂也。太極拳之用著，無異於其他拳法，唯專主順自然之能力以漸進，不尚剛疾，不假勉強，先致力於一勢之用，一著之熟，漸至於勢勢能用，著著能熟，乃漸入懂勁之域。平時用功，擇定一勢一著，詳究致用之法，與相手實際試驗。如練攻人之某

著，除對力來手盡自然之能力防範外，相機以拳勢著法進而攻擊。

如專練防人之某著，則以某著之方法防人，有機即盡自然之能力以進攻，久之則拳法中所具應用之著，與吾身天賦自具固有之良知良能合而致用。

所謂我即拳法，拳法即我，無意皆意，不法皆法。故曰：「無定法則無以入門，守定法則難期神化。」唯順自具之知能，以就拳法，而不為拳法所囿者，乃為上乘。斯則太極拳之正軌也。

附錄 楊式太極拳架圖示

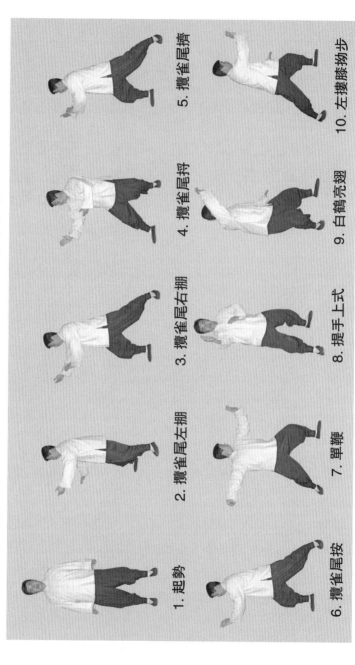

1. 起勢
2. 攬雀尾左掤
3. 攬雀尾右掤
4. 攬雀尾捋
5. 攬雀尾擠
6. 攬雀尾按
7. 單鞭
8. 提手上式
9. 白鶴亮翅
10. 左摟膝拗步

11. 手揮琵琶　　12. 右摟膝拗步　　13. 進步搬攔捶　　14. 如封似閉　　15. 十字手

16. 抱虎歸山　　17. 肘底看捶　　18. 倒撞猴　　19. 倒撞猴　　20. 斜飛式

25. 雲手

24. 搬攔捶

23. 撇身捶

22. 扇通背

21. 海底針

30. 左分腳

29. 分腳

28. 分腳

27. 高探馬

26. 雲手

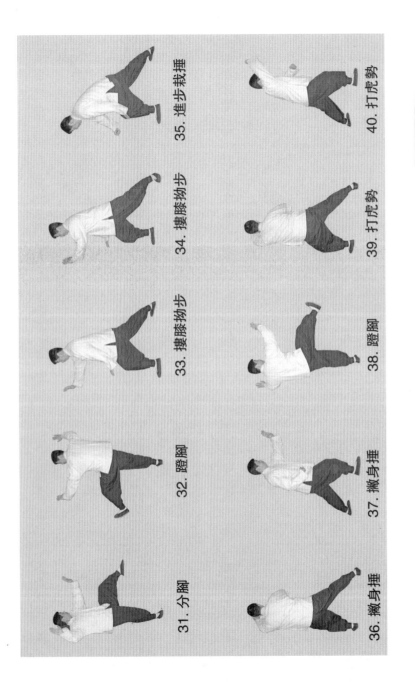

31. 分腳   32. 蹬腳   33. 摟膝拗步   34. 摟膝拗步   35. 進步栽捶

36. 撇身捶   37. 撇身捶   38. 蹬腳   39. 打虎勢   40. 打虎勢

45. 野馬分鬃

44. 野馬分鬃

43. 斜單鞭

42. 蹬腳

41. 雙峰貫耳

50. 下勢

49. 玉女穿梭

48. 玉女穿梭

47. 玉女穿梭

46. 玉女穿梭

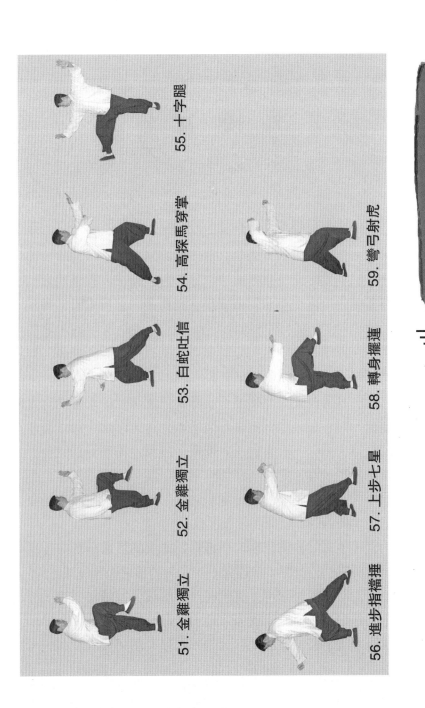

51. 金雞獨立　52. 金雞獨立　53. 白蛇吐信　54. 高探馬穿掌　55. 十字腿

56. 進步指襠捶　57. 上步七星　58. 轉身擺蓮　59. 彎弓射虎

　　徐州古稱彭城，位於淮海經濟區中心，是重要的交通樞紐。自古就有五省通衢之稱，歷來為兵家必爭之地，民間好武成風。余秉承遺風，自幼酷愛武術，追隨楊式太極拳名家任世嵐先生學習傳統楊式太極拳，並有幸常常得到楊式太極拳一代宗師傅鍾文師爺以及師伯傅聲遠、羅鶴雲、石月明先生指點，受益良多。深感楊式太極拳奧妙無窮，無愧為中華文化瑰寶。

　　余追隨楊式太極拳第五代傳人任世嵐老師學習楊式太極拳、刀、劍、槍、推手和散手數十年，深感中華太極拳術之博大精深。練習楊式太極拳、械可以使人身體健康，修身養性，陶冶性情，平添生活的樂趣。余不善言辭，心智魯鈍，唯有精心研究，勤學苦練，將楊式太極拳、械發揚光大，以回報我師、回報社會。

　　《楊式太極拳技擊》一書經過本人的反覆斟酌，在老師和朋友們的鼓勵下，經過一年多努力最終寫作完成。

　　在本書的整理中，按照師傳，儘量保持傳統原貌，並力求通俗易懂。希望透過本書的介紹，能為廣大喜愛楊式太極拳推手和技擊的愛好者的學習和成功起到墊腳石的作用。

由於本人的學識有限，對博大精深的武學領悟尚淺，書中難免有不足之處，懇請武學同道不吝賜教。

　　在此對長年來傳授我楊式太極拳、械的師爺傅鍾文先生、老師任世嵐先生、師伯傅聲遠先生、羅鶴雲先生、石月明先生表示衷心的感謝！

　　中國著名書畫家程永利先生為本書題寫書名、題詞；美術設計師程瑤女士為本書設計封面；楊慎平息（弟）攝影；道友辛超陪練推手和用法；唐廣亮（舅）先生，朋友沈貴君、路昌偉、趙毅民、潘慶疆給予了大力支持和幫助，在此一併致以真誠的謝意。

　　作者電話：（0）15996975251
　　作者郵箱：yshtjq128@126.com

國家圖書館出版品預行編目資料

楊式太極拳技擊／楊慎華 著
——初版，——臺北市，大展，2012〔民101.11〕
面；21公分 ——（武術特輯；138）
ISBN 978-957-468-913-2（平裝）
1.太極拳
528.972   101018194

楊式太極拳技擊

著　　者／楊慎華
責任編輯／張建林
發 行 人／蔡森明
出 版 者／大展出版社有限公司
社　　址／台北市北投區（石牌）致遠一路2段12巷1號
電　　話／（02）28236031 · 28236033 · 28233123
傳　　眞／（02）28272069
郵政劃撥／01669551
網　　址／www.dah-jaan.com.tw
E - mail ／ service@dah-jaan.com.tw
登 記 證／局版臺業字第2171號
承 印 者／傳興印刷有限公司
裝　　訂／建鑫裝訂有限公司
排 版 者／弘益電腦排版有限公司
授 權 者／北京人民體育出版社
初版1刷／2012年（民101年）11月
　　　　　　　　　　　　　　　定 價／200元

大展好書　好書大展
品嘗好書　冠群可期